POUR RÉUSSIR

L'EXAMEN DE FRANÇAIS T

D S

JACQUES GARNEAU

POUR RÉUSSIR

L'EXAMEN DE FRANÇAIS ÉCRIT

DE FIN D'ÉTUDES SECONDAIRES

ÉDITIONS DU TRÉCARRÉ

Données de catalogage avant publication (Canada)

Garneau, Jacques, 1939-

Pour réussir l'examen de français écrit de fin d'études secondaires

Comprend des références bibliographiques

ISBN: 2-89249-582-2

1. Français (Langue) – Composition et exercices. 2. Français (Langue) – Français écrit. 3. Français (Langue) – Examens – Guides de l'étudiant. I. Titre.

PC2119.G372 1994   808'.0441   C95-940020-6

La forme masculine utilisée dans ce livre désigne, lorsqu'il y a lieu, aussi bien les femmes que les hommes.

Typographie et mise en page:
André Riendeau

Couverture:
Dufour et fille design

© Éditions du Trécarré 1994

Dépôt légal – Bibliothèque nationale du Québec, 1995

IMPRIMÉ AU CANADA

SOMMAIRE

ANNEXE

INTRODUCTION

J'ai corrigé des milliers de textes d'opinion, au ministère de l'Éducation, de 1986 à 1992. Depuis trois ans, je donne des cours de récupération en français aux étudiants qui ont échoué à l'examen de français de fin d'études secondaires. Dans mes classes, le taux de réussite à l'examen de reprise est de 99,9%. Depuis 1992, je suis superviseur de la correction du test de français écrit des collèges et des universités.

Ces expériences m'ont amené à rédiger, en 1993, un premier livre, *Pour réussir le test de français écrit des collèges et des universités*, qui répondait à un besoin et qui connaît d'ailleurs un succès phénoménal. J'ai voulu aider les étudiants du secondaire (et les adultes inscrits à des cours de récupération en français) à mieux se préparer pour réussir l'examen de français de fin d'études secondaires.

Ce livre est le fruit d'une longue expérience de correcteur. Il a pour base les critères d'évaluation contenus dans le guide d'évaluation d'un texte d'opinion du ministère de l'Éducation (MEQ, mai 1993 et janvier 1994).

Il se divise en deux parties. La première tient compte des critères d'évaluation relatifs au fonctionnement du discours argumentatif et du texte d'opinion. La seconde partie aborde les critères qui influencent le fonctionnement de la langue (le code linguistique).

De façon concrète, il permettra à l'étudiant de vérifier son habileté à introduire un sujet (critère 1), à émettre clairement son opinion sur le sujet (critère 2), à développer des arguments à l'appui de son opinion (critère 3), à bien structurer son texte (critère 4), à utiliser un vocabulaire approprié (critère 5), tout en respectant les règles de la syntaxe et de la ponctuation (critère 6), de l'orthographe d'usage et grammaticale (critère 7).

Dès le début, vous pourrez lire la rédaction complète d'un texte d'opinion. Ce texte est repris dans chacune des parties (l'introduction, le développement et la conclusion), en spécifiant dans la marge de gauche tous les éléments essentiels à retenir pour chaque critère d'évaluation. Cette application pratique des exigences minimales, expliquées par la suite pour chaque critère, pourra servir d'exemple pour votre propre rédaction. Ce livre procède donc par des exemples pour illustrer les éléments de contenu ou de description de chacun des critères. Des exercices d'écriture vous sont proposés et des grilles d'observation (autoévaluation) vous permettent de réviser et de corriger votre texte au fur et à mesure que vous rédigez.

Vous trouverez, en annexe, la liste des sujets proposés à l'examen de français de fin d'études secondaires et un index général vous permettra une consultation rapide et facile.

Nous croyons que ce livre répond à de nombreuses questions (et inquiétudes) des étudiants, des enseignants et des parents sur l'examen de français écrit de fin d'études secondaires. Nous pensons qu'il est un outil indispensable pour tous ceux et celles qui veulent le réussir.

Bonne chance !
Jacques Garneau

OBSERVATIONS PRÉLIMINAIRES

• *Qu'est-ce que l'examen de français de fin d'études secondaires?*

Il s'agit de la production d'un discours écrit. Cette épreuve unique (132-560) est conçue et corrigée au ministère de l'Éducation selon une grille précise d'évaluation.

• *Quand cet examen a-t-il lieu?*

L'examen de français de fin d'études secondaires a lieu au mois de mai de chaque année et des reprises sont prévues en août et en décembre.

• *Quel est l'objectif de cet examen?*

Cet examen trouve son fondement dans l'objectif terminal du programme d'études de français, langue maternelle: «Écrire un texte(argumentatif) visant à présenter son opinion sur un sujet donné, en tenant compte de la situation de communication et du fonctionnement de la langue et des discours.»[1]

• *De quoi s'agit-il?*

Il s'agit d'écrire un texte d'opinion, c'est-à-dire un ensemble bien organisé qui présente et développe un raisonnement. Le texte d'opinion est destiné à un interlocuteur-lecteur avec l'intention de le convaincre ou de justifier son opinion, de la défendre et d'en démontrer la valeur.

Le texte d'opinion est un discours argumentatif qui répond à des règles précises.

---

1. Programme d'études — Français langue maternelle — 5ᵉ secondaire — Formation générale, MEQ, 1981, p. 41.

De plus, l'examen de français de fin d'études secondaires vise à mesurer les habiletés langagières (maîtrise de la syntaxe, de la ponctuation, de l'orthographe d'usage et grammaticale).

- *L'examen est-il obligatoire?*

Depuis mai 1989, tous les candidats au diplôme d'études secondaires doivent se soumettre à cet examen.

- *Quelle est la durée de l'examen?*

L'étudiant dispose de trois heures pour rédiger un texte d'opinion d'environ 400 mots sur un des sujets donnés.

- *Comment répartir le temps de travail et de rédaction durant ces trois heures?*

— Avant de rédiger, prévoir environ 30 minutes pour la compréhension et l'analyse du sujet choisi.

— Pour la rédaction de l'introduction, prévoir environ 15 minutes.

— Pour la rédaction du développement, prévoir environ 60 minutes.

— Pour la rédaction de la conclusion, prévoir environ 15 minutes.

— Pour la révision, la correction et la version définitive, prévoir environ 60 minutes.

- *Quels sont les critères d'évaluation?*

Critère 1 : L'élève énonce clairement le sujet de son texte.

Critère 2 : L'élève exprime une opinion claire sur le sujet choisi.

Critère 3 : L'élève a recours à des arguments pour défendre son opinion.

Critère 4 : L'élève fournit des indices pertinents qui révèlent la structure et l'articulation de son texte.

Critère 5 : L'élève emploie des termes précis et variés.

Critère 6 : L'élève construit des phrases correctes et place adéquatement les signes de ponctuation.

Critère 7 : L'élève observe l'orthographe d'usage et grammaticale.

«Chacun de ces critères est indépendant des autres, c'est-à-dire que chacun est évalué en dehors des éléments considérés par les autres critères.»[2]

- *Comment les sujets sont-ils présentés?*

Le Ministère propose toujours trois sujets sous forme de questions. Chaque sujet vous présente un problème à résoudre, pose une interrogation, évoque une hypothèse, souligne un fait d'actualité, un événement ou une situation à approfondir.

Sujets proposés en juin 1994:

Donnez votre opinion sur l'une ou l'autre des questions ci-dessous et défendez votre point de vue.

1er sujet   À seize ans, un jeune est-il en mesure de faire un choix de carrière?

2e sujet   Doit-on interdire à un civil la possession d'une arme à feu?

3e sujet   Un jeune de dix-sept ans a-t-il encore besoin de ses parents?

- *Comment choisir un sujet?*

Avant de choisir, il importe de bien lire tous les sujets proposés. Une première lecture ne sera peut-être pas suffisante pour vous permettre de faire votre choix. Alors relisez autant de fois que c'est nécessaire les trois sujets. Bien sûr, votre choix se fera selon vos affinités et les connaissances que vous avez sur un des sujets. Laquelle des trois questions vous semble la plus facile à traiter? Sur lequel des trois sujets croyez-vous avoir une opinion claire, le plus d'idées, etc.?

- *Quelle attitude doit-on avoir devant l'examen?*

D'abord, soyez détendu et calme lorsque vous vous présentez à l'examen. Si vous êtes préparé psychologiquement et techniquement

2. *Guide d'évaluation d'un texte d'opinion*, MEQ, 1993, p.11.

(par la lecture du présent livre), tout devrait bien aller. Ne paniquez pas, car vous perdrez ainsi des énergies précieuses.

Suivez chacune des étapes expliquées dans ce livre. Lors de l'examen, plusieurs étudiants ne jettent qu'un bref coup d'œil sur les trois sujets et se mettent tout de suite à rédiger ! Ce n'est évidemment pas la bonne méthode.

• *Que va vous apporter le présent livre ?*

D'abord, une explication complète de chacun des critères de la grille d'évaluation d'un texte d'opinion. Des exemples pertinents pour chacun des éléments importants dans chaque critère. Des exercices d'écriture sur chacun des éléments essentiels dans la grille de correction. Des conseils de rédaction et des grilles d'observation (autocorrection) pour chaque critère d'évaluation. Des notes spéciales et des encadrés pour des exigences particulières. Et de nombreux exemples auxquels vous pouvez vous référer.

• *Comment lire ce livre ?*

Suivez chaque étape en lisant les explications. Lisez et relisez les exemples. Revenez sur les points obscurs. Faites les exercices d'écriture. Révisez et corrigez avec les grilles d'observation. Revenez aux exemples pour bien saisir tous les éléments importants. Fouillez, étudiez, consultez, cherchez, pratiquez. L'essentiel pour réussir votre examen de français écrit est contenu dans ce livre.

PREMIÈRE PARTIE

LE TEXTE D'OPINION

RÉDACTION D'UN TEXTE D'OPINION

Sujet proposé:

Après la cinquième année du secondaire, doit-on poursuivre ses études ou se chercher un travail à plein temps?

Aujourd'hui, pour laver la vaisselle dans certains grands restaurants, on exige un diplôme d'études secondaires. C'est la même situation pour devenir éboueur. On peut alors se poser la question suivante: «Après la cinquième année du secondaire, doit-on poursuivre ses études ou se chercher un travail à plein temps?»

Malgré les avantages financiers que procure un emploi à temps plein, je suis persuadé que la poursuite des études est beaucoup plus rentable à long terme.

Pour traiter de cette question, demandons-nous d'abord si un diplômé du collégial est mieux préparé à trouver un emploi qu'un finissant du secondaire. Puis, nous parlerons des avantages (financiers et autres) d'avoir un emploi. Enfin, nous montrerons que la poursuite des études est un atout majeur pour un meilleur choix de carrière.

Disons d'abord qu'un étudiant qui possède son diplôme d'études collégiales est mieux préparé à trouver un emploi que l'élève qui n'a qu'un diplôme d'études secondaires.

En effet, une étude, réalisée par les conseillers en orientation des cégeps de Sainte-Foy et du Vieux-Montréal, démontre que dix pour cent seulement des finissants du secondaire ont pu, en 1994, se trouver un emploi; alors que soixante-deux pour cent des finissants des collèges se retrouvaient sur le marché du travail.

Or, cette étude a été réalisée auprès de 1 300 finissants du secondaire et du collégial. C'est un échantillonnage suffisant pour se fier aux résultats. De plus, les pourcentages, donnés par les conseillers en orientation, sont pratiquement les mêmes que ceux fournis par les spécialistes du ministère de l'Éducation.

Je peux donc affirmer qu'un diplômé de cégep est mieux préparé à trouver un emploi qu'un finissant du secondaire.

Cependant, je crois que le travail rémunéré et à temps plein offre aux jeunes au moins deux avantages : une autonomie financière et un sens social des responsabilités. En effet, travailler c'est recevoir un salaire. Tous les salariés doivent apprendre à administrer un budget. L'indépendance personnelle permet de gérer nos dépenses personnelles, nos sorties, nos loisirs, etc. Cette autonomie nous valorise en nous donnant la liberté et la fierté de ne plus vivre aux crochets de nos parents. C'est aussi une façon de mieux nous connaître.

De plus, le travail nous initie au sens social des responsabilités. Personnellement, pour avoir déjà travaillé à plein temps durant un été, j'ai modifié mes rapports avec les autres travailleurs. Le travail m'a aussi permis d'assumer mes obligations et mes devoirs reliés à un métier et de connaître mes habiletés et mes intérêts.

Ainsi, l'autonomie financière et le sens des responsabilités sont, à mon avis, des expériences de vie qu'un travail à plein temps peut offrir.

Enfin, ne dit-on pas : «Qui s'instruit, s'enrichit.» Le diplôme d'études collégiales représente, selon moi, un atout majeur pour trouver du travail à plein temps. En fait, le diplôme d'études secondaires offre peu de débouchés pour un emploi régulier. Il suffit de regarder les postes offerts aux finissants du secondaire : laveur de vaisselle, éboueur, vendeur ou vendeuse dans une boutique, entretien ménager, etc. Ce n'est donc pas les emplois les mieux rémunérés.

Par contre, l'enseignement collégial offre de multiples programmes de formation qui débouchent sur plusieurs carrières. Par exemple, dans le domaine de l'environnement, divers programmes nous sont présentés : techniques du milieu naturel, d'aménagement du territoire ; les programmes d'aménagement de la faune, d'aménagement forestier, d'assainissement de l'air et du milieu, etc. Je crois donc que les finissants du secondaire ont intérêt à poursuivre leurs études s'ils veulent trouver des emplois bien rémunérés.

Pour conclure, je dois admettre que, malgré les avantages financiers et autres que procure un emploi à temps plein, la poursuite des études au collégial est un atout majeur pour un meilleur choix de carrière. On peut facilement imaginer que pour les diplômés universitaires, les ouvertures sur le marché du travail sont sûrement plus grandes.

1. L'INTRODUCTION (critère 1)

Critère 1: L'élève énonce clairement le sujet de son texte

1.1 EXPLICATION DU CRITÈRE 1

> ### À RETENIR !
>
> #### A) Une vision élargie du sujet
>
> Un énoncé très clair (cote A) propose une introduction dans laquelle l'élève amène son sujet avec une vision (une idée) plus large, plus grande que la question posée.
>
> #### B) Un rappel du sujet en entier
>
> Un énoncé très clair propose également un rappel du sujet en entier (avec ses deux volets ou éléments).
>
> #### C) Un lien direct avec la question posée et le sujet amené

1.2 RÉDACTION DE L'INTRODUCTION
(Prévoir environ 15 minutes)

sujet amené	*Aujourd'hui, pour laver la vaisselle dans certains grands restaurants, on exige un diplôme d'études secondaires. C'est la même situation pour devenir éboueur. On peut alors se poser la question suivante:*
sujet rappelé	*«Après la cinquième année du secondaire, doit-on poursuivre ses études ou se chercher un travail à plein temps?»*

opinion	*Malgré les avantages financiers que procure un emploi à temps plein, je suis persuadé que la poursuite des études est beaucoup plus rentable à long terme.*
sujet divisé	*Pour traiter de cette question, demandons-nous d'abord si un diplômé du collégial est mieux préparé à trouver un emploi qu'un finissant du secondaire. Puis, nous parlerons des avantages (financiers et autres) d'avoir un emploi. Enfin, nous montrerons que la poursuite des études est un atout majeur pour un meilleur choix de carrière.*

Dans l'introduction donnée en exemple, le sujet (la question posée) est précédé de deux phrases. Ces deux phrases servent d'amorce au sujet: elles présentent une mise en situation du sujet. Elles ne rappellent pas le sujet, mais nous amènent vers lui. Elles sont une entrée en matière, un préliminaire, une présentation. Elles nous préparent au sujet.

Ce début d'introduction, on l'appelle le «sujet amené»[3], c'est-à-dire qu'on s'engage vers le sujet, on amène le lecteur à lui. En d'autres mots, on attire l'attention du lecteur vers un sujet qui sera rappelé dans les lignes suivantes. Ainsi, vous devez préparer le lecteur à la question sur laquelle vous vous prononcerez plus loin.

1.3 LE DÉBUT DE L'INTRODUCTION OU LE SUJET AMENÉ
(présentation de la question posée)

Il y a plusieurs façons de commencer un texte d'opinion. Dans les exemples qui suivent, nous vous donnons quatre manières différentes d'amener ou de présenter le sujet. Le principe pour bien amener votre sujet est simple: il s'agit de le présenter dans une dimension ou une perspective plus large (vision élargie) que la question de l'examen.

---

3.   *Guide d'évaluation d'un texte d'opinion*, MEQ, 1994, p. 15

Schématiquement, vous pouvez vous représenter le sujet amené comme un entonnoir à l'ouverture plus large que la question posée.

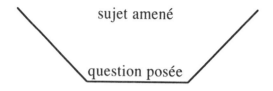

sujet amené

question posée

1.4 DÉFINITION D'UN SUJET AMENÉ

Un sujet amené «doit exprimer une idée complète et différente du sujet posé ou rappelé. Cette idée doit être formulée en au moins une phrase complète, distincte du sujet posé ou rappelé.» *(Guide d'évaluation d'un texte d'opinion*, MEQ, 1994, p. 15.) Comment commencer votre introduction? Voici quelques façons d'amener ou de présenter votre sujet.

1.4.1 Sujet amené par l'actualité

Aujourd'hui, pour laver la vaisselle dans certains grands restaurants, on exige un diplôme d'études secondaires. C'est la même situation pour devenir éboueur.

Vous pouvez débuter votre texte en faisant appel à l'actualité, c'est-à-dire à des faits ou à des événements qui se déroulent au moment où vous écrivez votre texte ou qui se sont déroulés dans un passé très proche et dont l'effet dure encore.

Dans l'exemple précédant, on présente des faits récents concernant l'embauche d'un plongeur ou d'un éboueur. Ainsi, on attire l'attention du lecteur sur une réalité qui a un rapport direct avec le sujet choisi.

1.4.2 Sujet amené par l'expérience personnelle

L'été dernier, j'ai travaillé à plein temps comme serveur dans un café. Cette expérience de travail m'a ouvert les yeux sur mon désir de quitter l'école après ma cinquième année du secondaire.

Ici, l'élève fait appel à ses connaissances personnelles du sujet. Vous pouvez vous servir de votre expérience personnelle (votre vécu, votre apprentissage, etc.) pour présenter votre sujet, à condition que cette expérience individuelle ait un lien direct et pertinent avec le sujet choisi.

Dans l'exemple qui précède, l'expérience personnelle de travail comme serveur est directement reliée à la deuxième partie du sujet (un travail à plein temps) et, ainsi, peut servir d'amorce ou de sujet amené.

1.4.3 Sujet amené par des considérations générales.

Pour les jeunes qui terminent leurs études secondaires, se trouver un emploi n'est pas facile. Le contexte économique dans lequel nous vivons favorise peu la création d'emplois.

Dans cet exemple, des remarques générales sur l'emploi servent à présenter le sujet. On parle d'un problème global, généralement vécu par les jeunes du secondaire. Ce point de vue général présente une vision élargie du sujet.

Ainsi, pour amener votre sujet, nous pouvons l'aborder dans une vision globale, collective, universelle, donc présenter une vision élargie de la question posée.

1.4.4 Sujet amené par des éléments historiques

Durant les années soixante, le taux de chômage était plus bas qu'aujourd'hui. Déjà les emplois devenaient très spécialisés. Des secteurs d'activités comme l'informatique et la bureautique, créés par la suite, se sont développés et demandent encore du personnel qualifié.

Cet exemple fait appel à l'histoire. L'élève y parle du passé en faisant référence à la spécialisation et à la qualification de la main-d'œuvre.

Vous pouvez également utiliser vos connaissances en histoire pour situer le lecteur par rapport à votre sujet. Mais, sans remonter au déluge, il faut que les éléments historiques présentés pour amener votre sujet soient en relation étroite avec la question posée.

ATTENTION !

Quelle que soit la façon utilisée pour présenter votre sujet, il faut qu'elle montre une vision élargie de la question posée.

1.4.5 Sujet expliqué

Apprendre, étudier, s'instruire ou se trouver un emploi, exercer un métier, gagner sa vie, tels sont les enjeux de la question posée.

Vous pouvez expliquer les termes de la question posée (définition des termes de l'énoncé), proposer un éclaircissement, donner des précisions ou des indications, afin de mieux faire connaître (renseigner, montrer) les enjeux de la question posée ou votre position en regard de cette question.

Notez que le sujet expliqué peut suivre le rappel de la question posée.

1.4.6 Sujet commenté

Tout le monde sait que le décrochage scolaire est un véritable fléau au Québec. Le taux élevé de décrochage ne résulte pas d'une seule cause (celle de trouver un emploi rémunérateur au plus vite), mais d'une suite d'événements: problèmes familiaux, manque d'intérêt et de motivation pour l'école, difficultés d'apprentissage, etc.

Vous pouvez élaborer un commentaire sur la question elle-même ou sur les termes de la question posée. Vous pouvez également faire une critique de la question ou des termes de l'énoncé.

Notez encore que le sujet commenté peut suivre le rappel de la question posée.

1.5 EXERCICE D'ÉCRITURE SUR LE SUJET AMENÉ

À votre tour de rédiger un début d'introduction (sujet amené) sur les quatre sujets suivants:

1- *Que pensez-vous du fait que beaucoup de jeunes passent plus de trente heures par semaine devant le téléviseur?*

2- *Croyez-vous que la publicité joue un rôle utile dans notre société?*

3- *Les malades incurables qui réclament l'euthanasie devraient-ils y avoir droit?*

4- *Un jeune de dix-sept ans a-t-il encore besoin de ses parents?*

Rédigez quatre débuts différents d'introduction (quatre présentations différentes):

1- par l'actualité

2- par votre expérience personnelle

3- par des considérations générales

4- par des éléments historiques

Vous pouvez soit présenter un seul sujet de quatre manières différentes, soit présenter les quatre sujets en changeant la manière de présenter chacun.

Corrigez vos débuts d'introduction en utilisant la grille d'observation ci-dessous.

1.6 GRILLE D'OBSERVATION DU SUJET AMENÉ

À RETENIR !

- Le sujet amené n'est pas un rappel de la question posée.
- Le sujet amené, c'est:
    - une amorce à la question posée;
    - une mise en situation;
    - une entrée en matière;
    - une présentation de la question posée.
- Le sujet amené, c'est le début de votre introduction.
- Le sujet amené présente une vision élargie de la question posée.
- Votre sujet amené peut se présenter de diverses façons:
    - par l'actualité;
    - par votre expérience personnelle
    - par des considérations générales;
    - par des éléments historiques.
- Dans tous les cas, il faut que votre sujet amené ait un lien direct et pertinent avec la question posée.
- La présentation de votre sujet (sujet amené) peut tenir en deux ou trois phrases.

1.7 LE RAPPEL DE LA QUESTION POSÉE (sujet rappelé)[4]

Dans l'introduction, au début de ce chapitre, vous avez pu constater que l'on rappelle le sujet choisi en recopiant intégralement la question posée. C'est la façon la plus simple de rappeler votre sujet en entier.

1.7.1 Sujet rappelé en entier (textuellement)

On peut alors se poser la question suivante: «Après la cinquième année du secondaire, doit-on poursuivre ses études ou se chercher un travail à plein temps?»

Le sujet rappelé, comme le sujet amené, doit faire partie intégrante de votre introduction.

Généralement le rappel de la question posée (sujet rappelé) suit la présentation ou le sujet amené.

Ainsi, votre introduction débute par la présentation de votre sujet, suivie du rappel de la question posée pour le sujet que vous avez choisi.

Avec ce début d'introduction (sujet amené et sujet rappelé en entier), vous répondez déjà aux deux exigences du critère 1 de la grille d'évaluation: «L'élève énonce clairement le sujet de son texte.»

1.7.2 Sujet rappelé en vos propres mots

Avec un diplôme d'études secondaires en main, est-il préférable de continuer à étudier ou de rechercher un emploi régulier?

Dans cet exemple, l'élève ne reproduit pas mot à mot la question posée. Il reformule la question en ses propres termes. Vous pouvez, si vous voulez, réécrire la question en la formulant autrement.

---

4. *Idem*, p. 16.

ATTENTION!

Dans la reformulation de la question en vos propres mots, il est essentiel de choisir des synonymes *équivalents*, c'est-à-dire qui ont un sens identique ou très voisin des mots et des expressions déjà utilisés dans la question posée.

Comme les synonymes exacts sont rares, vous aurez avantage à **recopier la question intégralement**, textuellement, mot à mot. En procédant ainsi, vous ne courrez pas le risque de restreindre le sujet ou de rappeler la question trop vaguement.

DANGER! (Risques d'erreurs)

Si vous donnez un titre à votre texte (par exemple: «Études ou travail à plein temps?»), le titre ne fait pas partie de l'introduction et ne peut remplacer le rappel du sujet ou de la question en entier dans votre introduction.

Si vous ne rappelez qu'une partie de la question posée (par exemple, vous ne parlez, dans votre introduction, que de la poursuite des études), vous serez pénalisés parce que vous ne rappelez pas le sujet en entier ou au complet.

Si vous restreignez une partie du sujet, c'est-à-dire que vous réduisez le sens des termes de la question posée (par exemple, vous parlez du français au lieu des études en général) vous commettez une méprise de sens et vous serez pénalisé.

Si, pour rappeler le sujet, vous utilisez des synonymes trop vagues, flous, trop abstraits, indéterminés, dont le rapport avec la question posée n'est pas évident (par exemple, vous parlez de l'économie en général comme équivalent à la recherche d'un emploi), le sujet devient imprécis et vous serez pénalisé parce que l'on ne peut discerner clairement la question posée.

1.7.3 Qu'est-ce qu'un sujet posé ou rappelé en entier ?

Chaque sujet proposé à l'examen est constitué de deux éléments.

Certains parents réclament le retour de l'uniforme dans les écoles secondaires. Approuvez-vous une telle démarche ?

1.7.4 Quels sont les deux éléments du sujet ?

Il y a d'abord un **thème**[5], c'est-à-dire le sujet, la matière, la proposition que l'on entreprend de traiter dans un texte. C'est donc le fond de la question, le problème à développer, l'idée ou le champ d'action que recouvre la question posée. Ici, le thème est : *le retour de l'uniforme dans les écoles secondaires.*

Il y a aussi un **sous-thème**[6], c'est-à-dire l'intention, la vision particulière, le point de vue envisagé dans la question posée par rapport au sujet à traiter. Ici, le sous-thème est : *la demande de certains parents qui réclament le retour de l'uniforme dans les écoles secondaires.*

À RETENIR

Il y a toujours deux volets ou deux éléments dans les questions posées à l'examen. Lorsque vous posez ou rappellez le sujet que vous avez choisi, vous devez mentionner les deux éléments.

1.7.5 Quel lien ou quel rapport doit-on établir avec les deux éléments de la question ? (mots de jonction)

Le lien à faire entre les deux volets d'un sujet proposé est donné dans la question elle-même. Ici, la question *approuvez-vous une*

---

5.   Dans le livre *Pour réussir le test de français écrit des collèges et des universités* on parle d'objet, p.25.

6.   Aussi appelé «intention». *Idem*, p. 25.

telle démarche? détermine et situe votre position par rapport au thème (l'objet) *le retour de l'uniforme* et au sous-thème (l'intention) *la demande de certains parents.*

Le lien ou le rapport que l'on veut que vous établissiez entre les deux éléments du sujet proposé, thème et sous-thème, c'est de savoir si vous approuvez ou non une telle démarche.

RAPPEL !

Le sujet posé ou rappelé en entier établit clairement le lien entre le thème et le sous-thème du sujet choisi.[7]

1.7.6 Le sujet posé ou rappelé avec votre opinion

Je crois que les parents ne devraient pas réclamer le retour de l'uniforme dans les écoles secondaires.

Vous pouvez greffer votre opinion au sujet posé ou rappelé. Dans cet exemple, l'élève exprime son opinion sur le sujet choisi tout en rappelant les deux volets ou éléments de la question posée.

Pour exprimer clairement une opinion, il faut comprendre le sujet.

1.7.7 Exercice de compréhension de sujets

En vous référant aux sujets qui suivent, précisez, pour chacun d'eux, le thème (ou l'objet) d'une part, et le sous-thème (ou l'intention) d'autre part.

1- *Que pensez-vous du fait que beaucoup de jeunes passent plus de trente heures par semaine devant la télévision ?*
   a) Thème ou objet :
   b) Sous-thème ou intention :
   c) Lien ou rapport :

---

7. *Guide d'évaluation d'un texte d'opinion*, MEQ, 1994, p. 15.

2- *Croyez-vous que la publicité joue un rôle utile dans notre société ?*

    a) Thème ou objet :

    b) Sous-thème ou intention :

    c) Lien ou rapport :

3- *Les malades incurables qui réclament l'euthanasie devraient-ils y avoir droit ?*

    a) Thème ou objet :

    b) Sous-thème ou intention :

    c) Lien ou rapport :

4- *Un jeune de dix-sept ans a-t-il encore besoin de ses parents ?*

    a) Thème ou objet :

    b) Sous-thème ou intention :

    c) Lien ou rapport :

RAPPEL !

Le thème ou l'objet, c'est ce dont on parle, le sujet, la matière, le problème à traiter.

Le sous-thème ou l'intention, c'est la vision particulière ou le point de vue envisagé dans la question posée.

Le lien ou le rapport, c'est la liaison (de convenance ou non) à établir dans la question posée.

RÉPONSES:

1er sujet:

a) *la télévision*

b) *les jeunes qui passent plus de trente heures par semaine devant le téléviseur*

c) *30 heures par semaine devant la télévision est-ce acceptable pour un jeune? Qu'en pensez-vous?*

2e sujet:

a) *notre société*

b) *utilité de la publicité*

c) *rôle utile de la publicité dans notre société? Qu'en pensez-vous?*

3e sujet:

a) *l'euthanasie*

b) *un droit pour les malades incurables*

c) *le droit à l'euthanasie pour les malades incurables. Qu'en pensez-vous?*

4e sujet:

a) *besoin de ses parents*

b) *un jeune de dix-sept ans*

c) *à 17 ans a-t-on encore besoin de ses parents? Qu'en pensez-vous?*

1.7.8 Grille d'observation du sujet posé ou rappelé

— Généralement le sujet posé ou rappelé suit le sujet amené.

— Avez-vous recopié en entier la question posée? Intégralement et textuellement?

— En relisant la question peut-on y déceler les deux volets ou éléments du sujet choisi?

— Le question rappelée fait-elle partie intégrante de votre introduction?

— Si vous avez reformulé la question en vos propres mots:

a) Les synonymes utilisés sont-ils «équivalents», c'est-à-dire ont-ils un sens identique ou très voisin des mots ou expressions déjà contenus dans la question posée?

b) Dans la reformulation de la question, peut-on y retrouver le sujet en entier?

c) Les synonymes utilisés pour rappeler la question sont-ils trop vagues ou trop restreints?

d) Peut-on discerner clairement les deux volets de la question posée?

e) Peut-on discerner la question dans sa totalité?

N.B. La façon la plus simple pour rappeler le sujet en entier, **c'est de recopier la question mot à mot**.

1.8 LE PLAN

En 1994, certains aspects ont été suggérés pour élaborer le développement d'une question:

Exemple:

Des casinos s'implantent au Québec. Êtes-vous d'accord avec un tel changement?

Développez votre argumentation à partir de trois aspects:

— le respect des libertés individuelles,

— la responsabilité de l'État,

— le contexte économique actuel.

1.8.1 Qu'est-ce qu'un plan général?

Un plan général, c'est l'organisation globale de votre texte. Ce sont les grandes idées (générales) autour desquelles vous allez organiser votre texte d'opinion. C'est le schéma général du texte, ce sont les grandes avenues que vous allez parcourir dans le développement de votre texte. C'est aussi l'annonce de chacun des aspects qui divise votre texte d'opinion.

Exemple :

Pour traiter de cette question, demandons-nous d'abord si le **contexte économique** *actuel exige une telle implantation. Puis, nous parlerons du* **respect des libertés individuelles.** *Enfin, nous aborderons* **la responsabilité de l'État et le devoir moral** *des citoyens.*

1.8.2 Qu'est-ce qu'un aspect?

Chacun des aspects développé dans votre texte doit être annoncé dans votre plan général ou votre sujet divisé. Chacun des aspects est l'idée générale qui sera développée dans chaque partie de votre texte. Par exemple, si vous argumentez sur quatre idées générales, chacune de ces idées représente un aspect ou une partie de votre développement.

1.8.3 Rédaction du plan général ou sujet divisé

Démarche de rédaction sur l'énoncé suivant :

Certains automobilistes considèrent que les cyclistes représentent un danger sur les routes et dans les rues et qu'ils ne devraient circuler que sur des pistes aménagées. Partagez-vous l'avis de ces automobilistes? Donnez votre opinion sur cette question et justifiez votre point de vue.

A) Compréhension du sujet

1- Le thème ou l'objet (ce dont on parle): *la place des cyclistes.*

2- Le sous-thème ou l'intention (le point de vue envisagé dans la question posée): *selon les automobilistes les cyclistes représentent un danger sur les routes et dans les rues.*

3- Le lien ou le rapport: *ils ne devraient circuler que sur des pistes aménagée.*

B) Rédaction du plan général (idées générales)

Aspect I: *La popularité grandissante du vélo au Québec.*

Aspect II: *Les cyclistes, un danger pour les automobilistes.*

Aspect III: *La nécessité des pistes cyclables ou des pistes aménagées.*

C) Exemples de rédaction du plan général ou du sujet divisé

1- *Dans un premier temps, j'aborderai la popularité grandissante du vélo au Québec. En second lieu, je parlerai du danger que représentent les cyclistes pour les automobilistes. Enfin, je soulignerai la nécessité de construire des pistes cyclables.*

2- *D'abord, nous regarderons la popularité grandissante du vélo au Québec. Ensuite, nous verrons le danger que représentent les cyclistes pour les automobilistes. En troisième lieu, nous examinerons la nécessité de construire des pistes cyclables.*

3- *Premièrement, envisageons la popularité grandissante du vélo au Québec. Puis, nous dirons quelques mots du danger que représentent les cyclistes pour les automobilistes. Pour terminer, nous trairerons de la nécessité de construire des pistes cyclables.*

> **À RETENIR !**
>
> Le plan géréral (sujet divisé) présente, dès la fin de l'introduction, chacun des aspects qui seront développés dans votre texte.
>
> C'est un résumé, en une phrase complète, de chacune des grandes idées devant faire l'objet d'un développement. Retenez que le sujet divisé n'est pas évalué dans la grille de correction du MEQ, sauf pour les critères portant sur la langue.

1.8.4 Grille d'observation du sujet divisé

— Est-ce que les grandes divisions de votre texte sont annoncées dans le sujet divisé?

— Est-ce que votre sujet divisé fait partie de votre introduction?

— Est-ce que votre sujet divisé résume bien chacun des aspects de votre texte d'opinion?

— Est-ce que la rédaction de votre sujet divisé s'inscrit dans des phrases complètes?

— Est-ce que les grandes idées générales annoncées dans votre sujet divisé respectent le thème et les sous-thèmes de la question posée? (Les deux volets du sujet posé ou rappelé.)

— Est-ce que chacun des aspects annoncés dans votre sujet divisé résume les grandes parties de votre développement?

— Est-ce qu'une virgule suit le marqueur de relation utilisé pour séparer chacune des parties de votre texte?

RÉSUMÉ

Dans les pages qui précèdent, nous vous avons montré comment amener votre sujet, comment rappeler ou poser votre sujet en entier, c'est-à-dire avec ses deux volets ou éléments.

Des exercices d'écriture vous ont permis de rédiger une partie de votre introduction en répondant au premier critère de la grille d'évaluation d'un texte d'opinion (sujet amené, posé et rappelé).

De plus, ces exercices vous auront permis de bien saisir tous les enjeux de la question afin de présenter le plan général de votre texte ou le sujet divisé. Votre opinion sur la question posée doit aussi apparaître dans votre introduction. Pour être sûr que votre opinion personnelle est exprimée de façon claire, nous consacrerons le chapitre suivant à l'expression de l'opinion.

1.8.5 Exercice d'écriture sur l'introduction

Écrivez une introduction sur chacun des sujets suivants:

1- *Que pensez-vous du fait que beaucoup de jeunes passent plus de trente heures par semaine devant le téléviseur?*

2- *Croyez-vous que la publicité joue un rôle utile dans notre société?*

3- *Les malades incurables qui réclament l'euthanasie devraient-ils y avoir droit?*

4- *Un jeune de dix-sept ans a-t-il encore besoin de ses parents?*

1.8.6 Grille de correction de l'introduction

Pour que votre introduction réponde aux critère de la grille de correction du Ministère, on devrait retrouver les quatre éléments suivants: le sujet amené, le sujet posé ou rappelé, votre opinion sur le sujet, votre plan général ou votre sujet divisé (facultatif).

2. L'EXPRESSION DE L'OPINION (critère 2)

Critère 2 : L'élève exprime une opinion claire sur le sujet.

2.1 EXPLICATION DU CRITÈRE 2

Le texte d'opinion sollicite votre avis sur une question. Il faudra faire connaître au lecteur votre idée sur un des sujets proposés à l'examen. On veut savoir quel est votre jugement, votre pensée, sur la question posée. Voilà pourquoi l'expression de votre opinion personnelle est si importante. Ainsi, dans l'ensemble de votre texte (en introduction, dans le développement et en conclusion), le lecteur devra être en mesure de découvrir votre opinion sur la question posée. Vous devrez l'exprimer d'une façon nette, claire et précise.

2.2 VOTRE OPINION SUR LA QUESTION POSÉE

Dans les pages qui précèdent, vous avez appris comment commencer votre introduction :

— présentation de la question posée (sujet amené). (*Cf.* 1.4)

— rappel de la question posée (sujet rappelé). (*Cf.* 1.7)

Pour continuer votre introduction, vous devez renseigner le lecteur sur votre position, c'est-à-dire votre opinion personnelle sur la question posée.

2.3 L'OPINION PERSONNELLE

Malgré les avantages financiers que procure un emploi à temps plein, **je suis persuadé que** *la poursuite des études est beaucoup plus rentable à long terme.*

Ici, l'élève nous indique clairement, dès l'introduction, son opinion sur la question posée. Pour ce faire, il emploie une formulation précise : **je suis persuadé que...**

2.4 L'OPINION EXPLICITE

C'est celle qui est sans équivoque. Le lecteur peut facilement la déceler dans le texte puisqu'elle est claire, nette et précise. Elle est donc ouvertement exprimée, souvent dans une formulation courante : *Je pense que... Je crois que... Je suis d'avis que...*

2.4.1 L'opinion explicite positive

Elle peut être **positive**, c'est-à-dire qu'elle affirme explicitement être pour ou en faveur de l'énoncé.

Je crois que la poursuite des études est un atout pour notre avenir.

2.4.2 L'opinion explicite négative

Elle peut être **négative**, c'est-à-dire qu'elle nie explicitement l'ensemble de l'énoncé du sujet.

Je ne pense pas que la poursuite des études soit un atout pour notre avenir.

2.5 L'OPINION IMPLICITE

C'est celle qui n'est pas tout à fait évidente au premier coup d'œil ou à la première lecture, parce qu'elle n'utilise pas de formules courantes comme *je pense que...* Cependant, on peut facilement la déceler ou la déduire du contexte. Elle est présente dans le texte, mais d'une manière sous-entendue.

C'est insensé de vouloir se trouver un travail après ses études secondaires ! (Sous-entendu : **Je ne crois pas que** la recherche d'un travail soit une bonne solution pour l'avenir d'un finissant du secondaire.)

2.5.1 L'expression de l'opinion implicite

L'opinion implicite, dans votre texte, peut donc être mise en évidence de plusieurs manières :

a) par l'exclamation qui traduit votre idée ou vos sentiments sur la question. *C'est ridicule de penser que...* (sous-entendu implicitement, **je ne crois pas que...**)

b) par la caricature, l'excès, l'absurde, les superlatifs qui peuvent aussi renseigner le lecteur sur votre opinion.

Imaginez la situation déplorable dans laquelle se retrouve un jeune qui, après un diplôme d'études secondaires, s'amène sur le marché du travail. Il sera éboueur ou laveur de vaisselle. En effet, il est prouvé que... (sous-entendu : **Il est plus avantageux, je crois, de poursuivre ses études**).

c) par l'humour, l'ironie, la négation d'une évidence, etc. qui sont autant de façons implicites de faire connaître votre opinion sur la question.

Avez-vous déjà lavé la vaisselle pendant huit heures ? L'eau chaude, les mains rougies, enflées, la peau ratatinée, les brûlures, les boursouflures, tel sera votre lot ! (sous-entendu : **Il vaut mieux poursuivre ses études !**)

d) par une citation (proverbe, maxime, dicton) qui peut indiquer que vous partagez le point de vue de l'auteur cité, que cette citation résume votre pensée.

Comme le disait mon père : « Qui s'instruit s'enrichit. » (sous-entendu : **Je crois, comme mon père, à ce proverbe qui nous incite à poursuivre nos études.**)

Dans tous ces exemples, l'implicite nous renseigne sur l'opinion sous-entendue. Qu'elle soit explicite ou implicite, votre opinion doit être claire pour le lecteur.

2.6 COMMENT FORMULER CLAIREMENT VOTRE OPINION?

Il y a bien des manières d'exprimer une opinion claire. Nous vous suggérons d'utiliser une formule précise.

— Je suis persuadé que...

— Je crois que...

— Je pense que...

— Je suis d'avis que...

— Je trouve que...

ATTENTION!

Vous aurez à exprimer votre opinion tout au long de votre texte (dans l'introduction, dans chacun des aspects et dans la conclusion), aussi, nous vous suggérons d'apprendre par cœur quelques formulations différentes, afin de varier l'expression de votre opinion. En un mot, ne répétez pas la même formule dans tout votre texte.

2.6.1 Exemples de formulations claires pour exprimer votre opinion

À vrai dire, ... En vérité, ... C'est vrai, ... Il est vrai que... Bien sûr, ... À coup sûr, ... Bien entendu, ... Sans aucun doute, ... De toute évidence, ... Évidemment, ... Il est hors de doute que... Il va de soi que... Certes, ... En fait, ... En effet, ...

> **ATTENTION!**
>
> Ne pas oublier la virgule lorsque le mot ou l'expression sert de marqueur de relation.

2.7 L'OPINION TRANCHÉE (Êtes-vous pour ou contre?)

Votre opinion peut être positive tout au long de votre texte. Vous êtes franchement pour.

Je crois que la poursuite des études est plus rentable que la recherche d'un emploi à temps plein.

Votre opinion peut-être négative tout au long de votre texte. Vous êtes franchement contre.

Je ne crois pas que la poursuite des études soit plus rentable que la recherche d'un emploi à temps plein.

> **ATTENTION!**
>
> Que vous soyez pour ou contre, vos arguments devront être au service de votre opinion, c'est-à-dire qu'ils doivent soutenir et appuyer votre opinion.

2.8 L'OPINION NUANCÉE

Vous pouvez, au cours de votre développement, émettre ou introduire une réserve, sans que votre opinion soit considérée comme contradictoire ou ambiguë.

2.8.1 Qu'est-ce qu'une réserve?

Une réserve est une restriction qui permet de tempérer votre jugement sur la question posée, d'envisager une contrepartie et de la discuter.

— Une réserve peut être une concession : *Je concède qu'il peut y avoir quelques inconvénients à...*

— Elle peut vouloir répondre à une objection : *On objectera que...*

— Elle peut vouloir introduire un contre-argument (une contre-partie) : *Certains s'opposent à...*

Même si la réserve présente et précise des limites dans le jugement porté sur la question posée, elle ne contredit ni l'opinion de départ (en introduction) ni l'opinion d'arrivée (en conclusion).

La réserve témoigne d'une ouverture d'esprit capable de recevoir un point de vue différent sur la question posée : elle ne détruit pas l'argumentation générale.

Ainsi, même si vous présentez une réserve dans votre développement, l'ensemble de votre texte doit faire ressortir, de façon évidente, votre opinion sur la question posée.

2.8.2 Comment exprimer une réserve ?

A) Dans l'introduction

Malgré les frais de scolarité, (réserve) *je suis persuadé que la poursuite des études est beaucoup plus rentable à long terme.*

B) Dans le développement

On objectera que les frais de scolarité sont très élevés. «Qui s'instruit s'endette», diront certains (réserve). À ceux-là, je réponds qu'une plus grande scolarité permet d'acquérir des connaissances approfondies dans un domaine déterminé : en science et en technique, par exemple.

C) Dans la conclusion

Malgré le coût élevé des études post-secondaires (réserve), je crois que l'assurance de trouver un emploi régulier est plus grande.

> **ATTENTION!**
>
> Si vous choisissez d'avoir une opinion nuancée, votre position (votre nuance) doit être exprimée dans votre introduction. En effet, dès l'introduction, le lecteur doit savoir clairement que votre jugement sur la question posée est nuancé. Ainsi, il sera en mesure de bien suivre votre argumentation concernant les avantages (le pour) et les inconvénients (le contre).

2.8.3 Développement d'une opinion nuancée

Dans le développement d'une opinion nuancée, vous pouvez, montrer le pour **et** le contre, et prendre position pour l'une ou l'autre des positions exprimées (plutôt pour ou plutôt contre).

Introduction : opinion nuancée

Développement : avantages **et** inconvévients (réserve) (prise de position pour **ou** contre)

2.8.4 Conclusion d'une opinion nuancée

Dans la conclusion d'un texte à opinion nuancée, vous devez :

1- rappeler la nuance exprimée dans votre introduction ;

2- affirmer votre position finale après le développement.

Dans cette position finale, en conclusion, vous pouvez :

— soit garder l'opinion nuancée émise au début de votre texte ;

— soit prendre une position finale pour les avantages (arguments pour) expliqués dans votre développement (plutôt pour) ;

– soit prendre une position finale contre les désavantages (arguments contre) expliqués dans votre développement (plutôt contre).

2.9 L'OPINION AMBIVALENTE OU PARTAGÉE

Il se peut que dans votre jugement ou votre opinion vous soyez partagé entre le pour et le contre. Cependant, ces deux options devront faire partie de votre développement où vous aurez montré les avantages (pour) et les désavantages (contre) d'une question. Votre opinion sera alors partagée entre les aspects positifs et les aspects négatifs de la question.

Quant à savoir s'il est préférable de poursuivre ses études ou se trouver un emploi régulier, mon opinion est partagée entre les avantages et les inconvénients de ces deux solutions.

Dans cet exemple, l'élève choisit de ne pas présenter une opinion tranchée, car il est partagé entre le pour et le contre.

Introduction: opinion partagée

Développement: arguments pour (opinion pour) arguments contre (opinion contre)

Conclusion: opinion pour **et** contre

2.10 L'OPINION CONSTANTE

C'est celle qui est présente (explicitement ou implicitement) dans tout votre texte.

— Elle est présente dans votre introduction pour indiquer votre position sur la question posée.

— Elle est rappelé dans chacun des aspects de votre développement, afin de montrer que votre argumentation sert et soutient votre opinion.

— Elle est reprise en conclusion, afin de réaffirmer votre position ou votre idée sur la question posée.

Ainsi, du début jusqu'à la fin de votre texte, le lecteur doit pouvoir constamment déceler votre opinion.

2.11 L'OPINION NEUTRE OU IMPARTIALE

Dans un texte d'opinion, on vous demande de prendre position, d'exprimer votre idée sur une question posée. Il se peut que vous vouliez demeurer impartial et très objectif devant la question posée.

ATTENTION !

Cette impartialité ne doit pas vous empêcher d'analyser et de démontrer tous les enjeux de la question. La situation à laquelle la question fait référence doit être expliquée, étudiée, examinée en profondeur.

L'opinion neutre résulte du fait que, après analyse, vous n'arrivez pas à vous prononcer. Ici, il ne s'agit pas d'exprimer une nuance, une réserve ou une limite (une opinion nuancée), mais d'affirmer votre neutralité.

Votre position de départ de ne pas prendre parti, vous devez l'expliquer tout au long de votre texte par les arguments mis de l'avant. Donc, le lecteur doit être en mesure, dès l'introduction, de connaître votre position de neutralité devant la question posée. Il importe également de rappeler votre position en conclusion.

Exemple :

Quant au fait de poursuivre ses études ou se chercher un travail à plein temps, je crois que cela dépend de chacun.

Ici, l'élève ne se prononce pas personnellement sur la question posé. La réponse appartient à chacun ou à la personne concernée.

PRUDENCE!

Le texte d'opinion sollicite votre avis, votre jugement, votre idée, votre opinion personnelle sur une question donnée. Votre neutralité doit être soutenue par une très bonne argumentation (preuves).

ATTENTION!

Il y a des raisons (l'argumentation doit les prouver) au fait que vous ne preniez pas position sur la question. L'analyse et la démonstration (votre développement) devront expliquer ces raisons. Vous devrez donc expliquer les circonstances, les faits (les raisons) qui justifient votre neutralité.

2.12 OPINIONS À ÉVITER

A) L'opinion partielle

C'est une opinion qui ne porte que sur une partie (un volet) de la question posée. Elle ne tient pas compte de toute la question (en entier). L'opinion est incomplète et vous serez sérieusement pénalisé.

Par exemple, si, tout au long de votre texte, votre opinion ne porte que sur *la poursuite des études* sans tenir compte de l'autre volet de la question (*la recherche d'un emploi à temps plein*), elle est partielle, car elle ne porte que sur une partie de la question posée.

B) L'opinion contradictoire

C'est celle qui vient nier l'affirmation que l'on prétend soutenir, en prouvant ou en exprimant le contraire de ce que l'on dit.

Par exemple, au début de votre texte, votre opinion est clairement pour la poursuite des études; puis, dans votre développement ou dans votre conclusion, vous affirmez, sans l'ombre d'un doute, (sans nuance) que vous êtes franchement contre la poursuite des études. Donc, vous vous dédiez, vous désavouez votre propre opinion: vous vous contredisez et vous serez là aussi pénalisé.

Dans ce cas, votre argumentation ne pourra être retenue comme preuve servant à illustrer votre opinion sur la question posée. Vous serez alors pénalisé au critère 3 (l'argumentation), puisque votre démonstration (analyse, preuves, explication) n'est pas au service de l'opinion exprimée.

2.13 GRILLE D'OBSERVATION DE VOTRE OPINION (critère 2)

— Votre opinion se rapporte-t-elle à la question ou au sujet choisi?

— Votre opinion tient-elle compte de tous les volets de la question posée (la question en entier)?

— Si votre opinion est nuancée (réserve), votre position (votre nuance) est-elle annoncée dans votre introduction?

— Si votre opinion est partagée (pour et contre), cette ambivalence est-elle rappelée dans votre conclusion?

— Si vous adoptez une position neutre devant la question posée, est-ce que cette neutralité est communiquée dans votre introduction?

— Votre opinion apparaît-elle dans chacun des aspects de votre développement?

— Votre opinion est-elle constante? (Elle ne présente ni contradiction ni ambiguïté.)

— Si votre opinion est implicite, nuancée ou modérée, demeure-t-elle évidente dès la première lecture ou au premier coup d'œil?

— Votre opinion est-elle rappelée dans votre conclusion?

— En relisant votre texte, vérifiez si votre opinion n'est pas contradictoire, obscure ou douteuse.

— Enfin, votre opinion est-elle claire, nette, précise, manifeste et évidente?

2.14 L'ANALYSE DU SUJET (la recherche des idées)

Un examen approfondi du sujet choisi s'impose avant d'entreprendre le développement. Afin de trouver le plus grand nombre d'idées sur le sujet, voici une méthode simple de recherche.

2.14.1 Ce que l'on sait déjà du sujet

Le chapitre sur la compréhension du sujet (1.7.7) aura permis de comprendre tous les enjeux de la question posée. Vous avez bien saisi les deux volets de la question, c'est-à-dire de quoi l'on parle et selon quel point de vue vous devez aborder le sujet. Les mots de jonction vous ont indiqué la relation ou le rapport que vous devez établir entre les deux volets de la question posée. Ce rapport, on l'a vu (1.7.5), donnera l'orientation que devra prendre le texte d'opinion. Vous devrez donc tenir compte de ces éléments (les deux volets et leur rapport entre eux) dans la recherche des idées.

2.14.2 Comment trouver des idées?

A) Rechercher et souligner les mots-clés de l'énoncé du sujet. Ce sont les mots essentiels dont on doit absolument tenir compte pour bien répondre aux enjeux de la question posée.

B) Noter les mots-clés sur une feuille.

Exemple: Pour le sujet traité dans le présent livre (*Après la cinquième année du secondaire, doit-on poursuivre ses études ou se chercher un travail à plein temps*), j'aurai souligné et noté les mots-clés suivants: après la cinquième année du secondaire, poursuivre ses études, chercher un travail à plein temps.

N.B. Laisser de l'espace entre les mots-clés notés afin d'y ajouter d'autres mots autour: ce seront les mots-satellites.

C) Les mots-satellites

Inscrivez, autour des mots-clés, les autres mots qui vous viennent à l'esprit à la relecture de chacun des mots-clés déjà contenus dans l'énoncé du sujet:

— associations d'idées ou d'images (à quoi ce mot vous fait-il penser?);
— sentiments ou sensations qui vous viennent à l'esprit;
— analogies.

Cette première étape est personnelle. Elle est importante parce qu'elle permettra de mieux cerner votre sujet et d'en analyser les composantes par la compréhension et l'extension des termes de l'énoncé.

Quelles associations d'idées, d'images, de sentiments, etc. s'enchaînent dans votre esprit à la relecture des mots-clés contenus dans l'énoncé du sujet? Quels rapprochements faites-vous? Que vous suggère tel mot? Quelles représentations sont évoquées par ce mot? Voilà autant de questions essentielles pour trouver des idées sur le sujet choisi.

2.14.3 La recherche dans le dictionnaire

Même si vous pensez avoir assez d'idées après cette première exploration des mots (des idées suggérées par les mots), le dictionnaire vous permettra d'en découvrir beaucoup d'autres.

La recherche dans le dictionnaire est absolument nécessaire dans cette deuxième étape, même si vous croyez être prêt à commencer votre développement.

A) Précisez le sens des mots-clés. Le dictionnaire va d'abord vous permettre de préciser le sens propre à chaque mot.

Exemple : le mot *emploi* (activité, occupation quelconque) est un terme un peu vague que le dictionnaire va préciser : *travail, travail rémunéré...*

B) Trouvez des synonymes, des analogies. Le dictionnaire va vous donner des synonymes qui vous permettront de trouver d'autres idées, d'autres termes similaires.

Exemples pour le mot travail : *gagne-pain, poste, situation...*

N.B. Tous ces mots (*activité, occupation, travail, gagne-pain, emploi...*) vous aideront à varier le vocabulaire de votre texte (notez-les). Évitez la répétition du mot *emploi.*

C) Trouvez des mots de la même famille. À partir du mot *emploi,* le dictionnaire va aussi vous donner des mots de même famille (*employer, employé, employeur*).

ATTENTION !

– Lire la définition de tous les mots de même famille.
– Noter les synonymes sur une feuille.

Exemple :
employé, ée, salarié v. (*v.* dans le dictionnaire veut dire *voir*)
agent, commis, vendeur... employeur, euse, v. *patron*

D) Observez le niveau de langue. Le dictionnaire va aussi vous indiquer les termes qui relèvent de la langue familière ou populaire et les anglicismes. Vous devrez éviter ces termes dans un texte d'opinion.

Exemple: *job* (fam.) anglic. (*fam.* dans le dictionnaire veut dire *familier* et *anglic.* veut dire *anglicisme*) *boulot* (fam.)

Le dictionnaire offre un grand éventail de mots de remplacement (synonymes) pour le langage populaire (pop), pour les expressions familières et les anglicismes.

2.14.4 Exemple de recherche d'idées

Après la cinquième année du secondaire
— la fin des études secondaires
— le diplôme d'études secondaires
— la fin du secondaire
— les finissants du secondaire
— les diplômés du secondaire

poursuivre ses études
— continuer ses études
— poursuivre ses études collégiales
— s'inscrire au collège
— entreprendre des études collégiales
— aller au cégep
— faire, commencer, finir son cégep, son cours collégial

chercher
— rechercher
— se mettre en quête
— s'efforcer de trouver
— aller à la recherche de

emploi à plein temps

— travail régulier, journalier

— occupation, activité

— gagne-pain

— place, situation à temps plein

Vous avez déjà plusieurs orientations possibles. Il faut maintenant voir à l'organisation des idées dans un plan de développement.

3. LE DÉVELOPPEMENT OU L'ARGUMENTATION

Critère 3 : L'élève a recours à des arguments pour défendre son opinion.

1er aspect
marqueur
affirmation

Disons d'abord qu'un étudiant qui possède son diplôme d'études collégiales est mieux préparé à trouver un emploi que l'élève qui n'a qu'un diplôme d'études secondaires.

argument

En effet, une étude, réalisée par les conseillers en orientation des cégeps de Sainte-Foy et du Vieux-Montréal, démontre que dix pour cent seulement des finissants du secondaire ont pu, en 1994, se trouver un emploi ; alors que soixante-deux pour cent des finissants des collèges se retrouvaient sur le marché du travail.

marqueur

explication

Or, cette étude a été réalisée auprès de 1 300 finissants du secondaire et du collégial. C'est un échantillonnage suffisant pour se fier aux résultats. De plus, les pourcentages, donnés par les conseillers en orientation, sont pratiquement les mêmes que ceux fournis par les spécialistes du ministère de l'Éducation.

conclusion
opinion

Je peux donc affirmer qu'un diplômé de cégep est mieux préparé à trouver un emploi qu'un finissant du secondaire.

2e aspect
marqueur

argument

explication

Cependant, je crois que le travail rémunéré et à temps plein offre aux jeunes au moins deux avantages : une autonomie financière et un sens social des responsabilités. En effet, travailler c'est recevoir un salaire. Tous les salariés doivent apprendre à administrer un budget. L'indépendance personnelle permet de gérer, par exemple, nos dépenses personnelles, nos sorties, nos loisirs, etc. Cette autonomie nous valorise en nous donnant la liberté et la fierté de ne plus

61

	vivre aux crochets de nos parents. C'est aussi une façon de mieux nous connaître.
marqueur	*De plus, le travail nous initie au sens social des responsabilités. Personnellement, pour avoir déjà*
argument	*travaillé à plein temps durant un été, j'ai modifié mes rapports avec les autres travailleurs. Le travail m'a*
explication	*aussi permis d'assumer mes obligations et mes devoirs reliés à un métier et de connaître mes habiletés et mes intérêts.*
conclusion opinion	*Ainsi, l'autonomie financière et le sens des responsabilités sont, à mon avis, des expériences de vie qu'un travail à plein temps peut offrir.*
3e aspect marqueur	*Enfin, ne dit-on pas: « Qui s'instruit, s'enrichit. » Le diplôme d'études collégiales représente, selon moi, un atout majeur pour trouver du travail à plein temps. En fait, le diplôme d'études secondaires offre*
argument	*peu de débouchés pour un emploi régulier. Il suffit de regarder les postes offerts aux finissants du secondaire: laveur de vaisselle, éboueur, vendeur ou vendeuse dans une boutique, entretient ménager, etc. Ce n'est donc pas les emplois les mieux rémunérés.*
marqueur	*Par contre, l'enseignement collégial offre de multiples programmes de formation qui débouchent sur*
argument	*plusieurs carrières. Par exemple, dans le domaine de l'environnement, divers programmes nous sont présentés: techniques du milieu naturel, d'aménagement du territoire; les programmes d'aménagement de la faune, d'aménagement forestier, d'assainisse-*
conclusion opinion	*ment de l'air et du milieu, etc. Je crois donc que les finissants du secondaire ont intérêt à poursuivre leurs études s'ils veulent trouver des emplois bien rémunérés.*

3.1 EXPLICATION DU CRITÈRE 3

Dans le développement d'un aspect de l'argumentation, il y a quatre éléments importants à retenir.

1- **Affirmer** : c'est la proposition de départ que vous allez soutenir et défendre dans cet aspect.

2- **Prouver** : vous devez appuyer cette affirmation de départ sur des preuves. Ces preuves (faits, exemples, témoignages, références...) constituent vos arguments.

3- **Expliquer** : c'est dans l'explication, l'analyse, le commentaire, la discussion que vos arguments prennent toute leur force. Ainsi un argument ou une preuve viendra enrichir votre argumentation en autant que vous expliquez ou démontrez en quoi cette preuve vient appuyer (défendre et soutenir) votre raisonnement.

4- **Conclure** : la conclusion d'un aspect découle de ce qui précède, affirme, confirme votre proposition de départ et précise votre opinion personnelle.

3.2 RÉDACTION D'UN ASPECT DE L'ARGUMENTATION

Examinons la rédaction d'un aspect du développement. Il vous sera facile de reproduire, dans les autres parties de votre développement, le même processus de rédaction.

3.2.1 Une affirmation ou une proposition de départ

Un étudiant qui possède son diplôme d'études collégiales est mieux préparé à trouver un emploi que l'élève qui n'a qu'un diplôme d'études secondaires.

J'ai écrit ici une affirmation générale de départ, c'est-à-dire que je donne pour vrai un jugement premier. J'émets une thèse, je fais une proposition que je veux soutenir et défendre avec une ou plusieurs preuves.

ATTENTION!

Dans cet énoncé de départ, la preuve n'est pas faite ! Je ne m'appuie sur ancun argument. Je ne fais que mentionner une idée générale. Pour que cette affirmation ou proposition de départ devienne un argument, il me faudra la soutenir et la défendre par une ou des preuves.

3.2.2 Un argument ou une preuve

En effet, une étude, réalisée par les conseillers en orientation des cégeps de Sainte-Foy et du Vieux-Montréal, démontre que dix pour cent seulement des finissants du secondaire ont pu, en 1994, se trouver un emploi; alors que soixante-deux pour cent des finissants des collèges se retrouvaient sur le marché du travail.

À l'affirmation générale de départ, j'ai ajouté ici une preuve (une étude réalisée par des spécialistes). Cette preuve constitue l'argument déstiné à prouver ou à réfuter la proposition de départ. Cette preuve vient donc appuyer, soutenir et défendre ma thèse. L'affirmation ou la proposition soutenue par une preuve devient un argument. C'est la confirmation de ce que j'ai donné pour vrai au départ. Maintenant, preuve à l'appui, je peux continuer mon raisonnement.

ATTENTION

Vous pouvez créer ou inventer une référence, un fait, un témoignage, pourvu que cet argument soit vraisemblable et qu'il soit au service du sujet que vous avez choisi et qu'il démontre bien votre opinion sur ce sujet.

3.2.3 Une explication ou une démonstration

Or, cette étude a été réalisée auprès de 1 300 finissants du secondaire et du collégial. C'est un échantillonnage suffisant pour se fier aux résultats. De plus, les pourcentages, donnés par les conseillers en orientation, sont pratiquement les mêmes que ceux fournis par les spécialistes du ministère de l'Éducation.

C'est dans l'explication de la preuve que l'argument prend toute sa force. Cette explication vient compléter (éclairer, justifier, préciser) la preuve élaborée précédemment.

L'argument a force de preuve dans la démonstration que j'en fais. J'ai donc dû élaborer, établir et construire ma preuve. Je n'ai pas fait seulement une affirmation, mais j'ai prouvé cette affirmation et j'ai expliqué mon argument.

3.2.4 Une conclusion

Je peux donc affirmer qu'un diplomé de cégep est mieux préparé à trouver un emploi qu'un finissant du secondaire.

La boucle est bouclée! Preuve à l'appui, je peux réaffirmer ma proposition de départ. Cette conclusion découle de ma démonstration (explication) et des arguments (preuves) évoqués, prouvés et expliqués tout au long de mon raisonnement.

À RETENIR!

Votre opinion doit être personnelle. C'est une croyance, une idée, une pensée personnelle. C'est votre point de vue. Avoir une opinion sur un sujet, c'est prendre position personnellement. Émettre votre idée, c'est donner votre avis.

3.2.5 Shéma d'un aspect de l'argumentation

1- **L'affirmation** (proposition): idée, opinion, point de vue, jugement de départ.

2- **L'argument** (preuve): faits, exemples, témoignages, références, etc.

3- **L'explication** (démonstration): analyse, commentaire, éclaircissement, justification, précision, discussion.

4- **La conclusion** (opinion): découle de ce qui précède, déduction, réaffirmation, consolidation de l'opinion.

3.3 TYPES ET GENRES D'ARGUMENTS (exemples d'arguments)

3.3.1 Des faits

Un fait est une réalité observable, vérifiable, objective et parfois mesurable.

A) Il peut référer à ce qui existe réellement. C'est le domaine de la réalité, du réel.

Une étude récente démontre que dix pour cent des finissants du secondaire se trouveront un emploi cet été.

B) Il peut référer à ce qui a déjà existé, à ce qui a eu lieu. Il s'agit souvent d'un cas, d'un événement, d'un incident qui est arrivé.

On sait que, l'année dernière, la campagne de publicité « Engageons une étudiante » n'a pas atteint son objectif, puisque trente pour cent des cégépiennes n'ont pas touvé d'emploi d'été.

Dans ces deux exemples, on fait référence à la réalité : ce qui existe réellement ou ce qui a déjà existé.

Dans le premier exemple (A), on réfère à une étude récente, donc actuelle. Puis, on fournit une statistique (un pourcentage) sur les emplois d'été.

Dans le second exemple (B), on réfère à un événement (une campagne publicitaire) qui a eu lieu et l'on donne le pourcentage du nombre de cégépiennes qui n'ont pas trouvé d'emploi d'été.

Ces deux faits ont donc une valeur explicative et constituent des preuves ou des arguments qui justifient (ou non) ce qu'une affirmation précédente aura annoncé.

3.3.2 Des exemples

L'exemple est un cas particulier (acte, événement, personne), auquel on se réfère pour prouver ce que l'on avance.

Prenons, par exemple, le cas des finissants de l'école Les Compagnons de Cartier. Ils ont organisé une manifestation dans les rues de Sainte-Foy afin de sensibiliser la population au manque de travail pour les étudiants du secondaire. Résultat: à peine cinq pour cent ont trouvé un emploi.

L'exemple, qu'il s'agisse d'une expérience, d'un événement, d'un cas précis, d'un fait semblable à ce qui est présenté, vient illustrer, attester, confirmer, certifier une affirmation (une idée) déjà énoncée et vient appuyer et soutenir votre opinion.

3.3.3 Des témoignages

Invoquer le témoignage de quelqu'un pour prouver une affirmation peut constituer un argument.

A) Le témoignage personnel

L'été dernier, j'ai eu un emploi à temps partiel comme plongeur dans un restaurant. Le patron m'a confirmé que, pour devenir serveur, il fallait avoir complété la cinquième année du secondaire. Comme je veux devenir «patron», je devrai poursuivre mes études au collège et en restauration. C'est la seule façon de trouver un emploi dans ce domaine.

ATTENTION!

Le témoignage personnel qui sert de preuve doit être bref et illustrer (montrer) les enjeux de la question. Votre exemple personnel doit confirmer, appuyer votre opinion sur la question. Il servira de preuve en autant qu'il y a un lien direct et pertinent avec le sujet.

B) Le témoignage de quelqu'un d'autre

Comme le disait Émile Grenier, conseiller pédagogique à la Commission scolaire régionale de Chambly: «Plus on apprend, plus on a de diplômes. Et plus on a de diplômes, plus on a des chances de se trouver un emploi.»

Lorsque vous utilisez le témoignage de quelqu'un d'autre pour prouver ce que vous avancez, il importe d'identifier la personne dont vous citez le témoignage. S'il s'agit d'un spécialiste (ici, un conseiller pédagogique), son titre d'expert vient renforcer votre argument.

N.B. Si vous rappelez les paroles de la personne (textuellement), vous procédez comme pour une citation (avec les deux points et les guillemets).

3.3.4 Des références

Les références (rapports de recherches, enquêtes, résultats de sondage, etc.) sont des données objectives sur lesquelles vous pouvez appuyer votre argumentation.

Dans la revue L'actualité *du mois dernier, on pouvait lire un article portant sur les emplois offerts aux finissant des collèges. L'auteur insistait sur le fait que, depuis quelques années, les dirigeants d'entreprises recrutent leurs candidats dans les universités. Donc, il nous faut poursuivre nos études jusqu'à l'université.*

N.B. Pour toutes références, il faut donner la «source» (*Le Soleil, La Presse...*)

3.4 PLAN DU DÉVELOPPEMENT

Les cahiers d'examen du Ministère suggèrent un plan général de développement divisé en trois parties ou aspects. À la suite de votre recherche dans le dictionnaire, il s'agit de choisir les trois grandes idées importantes qui constitueront les trois aspects autour desquels vous organiserez votre argumentation. Ce sera les trois grandes idées principales et directrices de votre texte.

Il s'agit maintenant de préciser l'idée et l'argument qui seront développés dans chacun des aspects de votre texte d'opinion.

3.4.1 Exemple de plan de développement de chacun des aspects

Décortiquons notre propre développement

1er ASPECT

Affirmation/proposition :

Disons d'abord qu'un diplômé du collégial est mieux préparé à trouver un emploi qu'un finissant du secondaire.

Argument/preuve :

En effet, une étude, réalisée par les conseillers en orientation des cégeps de Sainte-Foy et du Vieux-Montréal, démontre que dix pour cent seulement des finissants du secondaire ont pu, en 1994, se trouver un emploi alors que soixante-deux pour cent des finissants des collèges se retrouvaient sur le marché du travail.

Explication/démonstration :

Or, cette étude a été réalisée auprès de 1 300 finissants du secondaire et du collégial. C'est un échantillonnage suffisant pour se fier aux résultats. De plus, les pourcentages, donnés par les conseillers en orientation, sont pratiquement les mêmes que ceux fournis par les spécialistes du ministère de l'Éducation.

Conclusion/opinion :

Je peux donc affirmer qu'un diplômé de cégep est mieux préparé à trouver un emploi qu'un finissant du secondaire.

Affirmation/proposition:

Cependant, je crois que le travail rémunéré et à temps plein offre aux jeunes au moins deux avantages: une autonomie financière et un sens social des responsabilités..

Argument/preuve I:

En effet, travailler c'est recevoir un salaire. Tous les salariés doivent apprendre à administrer un budget. L'indépendance personnelle permet de gérer, par exemple, nos dépenses personnelles, nos sorties, nos loisirs, etc.

Explication/démonstration:

Cette autonomie nous valorise en nous donnant la liberté et la fierté de ne plus vivre aux crochets de nos parents. C'est aussi une façon de mieux nous connaître.

Argument/preuve II:

De plus, le travail nous initie au sens social des responsabilités. Personnellement, pour avoir déjà travaillé à plein temps durant un été, j'ai modifié mes rapports avec les autres travailleurs.

Explication/démonstration:

Le travail m'a aussi permis d'assumer mes obligations et mes devoirs reliés à un métier et de connaître mes habiletés et mes intérêts.

Conclusion/opinion:

Ainsi, l'autonomie financière et le sens des responsabilités sont, à mon avis, des expériences de vie qu'un travail à temps plein peut offrir.

3ᵉ ASPECT

Affirmation\proposition:

Enfin, ne dit-on pas: «Qui s'instruit, s'enrichit.» Le diplôme d'études collégiales représente, selon moi, un atout majeur pour trouver du travail à plein temps.

Argument/preuve I :

En fait, le diplôme d'études secondaires offre peu de débouchés pour un emploi régulier. Il suffit de regarder les postes offerts aux finissants du secondaire : laveur de vaisselle, éboueur, vendeur ou vendeuse dans une boutique, entretien ménager, etc. Ce n'est donc pas les emplois les mieux rémunérés.

Argument/preuve II :

Par contre, l'enseignement collégial offre de multiples programmes de formation qui débouchent sur plusieurs carrières. Par exemple, dans le domaine de l'environnement, divers programmes nous sont présentés : techniques du milieu naturel, d'aménagement du territoire ; les programmes d'aménagement de la faune, d'aménagement forestier, d'assainissement de l'air et du milieu, etc.

Conclusion/opinion :

Je crois donc que les finissants du secondaire ont intérêt à poursuivre leurs études s'ils veulent trouver des emplois bien rémunérés.

3.5 DIVERS PLANS D'ARGUMENTATION

Nous vous proposons ici divers plans d'argumentation.

Dans un premier temps, nous décrivons brièvement chacun des plans. Nous vous présentons par la suite un texte d'élève tiré de la revue *En toute liberté d'opinion*[8]. Enfin, nous vous donnons un plan détaillé du texte de l'élève. Notez que ces textes ont été reproduits textuellement et intégralement.

---

8.   *En toute liberté d'opinion*, une sélection des meilleurs textes des élèves de la cinquième secondaire, 1987-1988, Gouvernement du Québec, ministère de l'Éducation, 1988.

ATTENTION !

Il faut d'abord et à nouveau :
a) vous référer à la question posée (*cf.* 1.7.4) ;
b) ne pas oublier de rappeler votre opinion (*cf.* 2.10) ;
c) suivre le schéma proposé en 3.4.1 ;
d) traiter les deux volets de la question (*cf.* 1.7.5) ;
e) développer au moins un argument par aspect.

Pour défendre votre opinion ou pour réfuter une idée, il vous faudra organiser votre argumentation. Plusieurs démarches sont possibles.

3.5.1 Le plan par accumulation d'arguments (accumulation américaine)

A) Description

À partir d'une affirmation, une prise de position (thèse) de départ, je présente une succession de preuves (arguments) pour appuyer et défendre la thèse soutenue. L'argumentation viendra démontrer et confirmer la thèse mise de l'avant.

Ce plan se construit généralement en trois aspects. Chacun des aspects démontre, par au moins un argument (preuve) à l'appui, la véracité de la thèse présentée dans l'opinion de départ (dans l'introduction).

3.5.1.1 Texte rédigé selon un plan par accumulation d'arguments

Que pensez-vous de la loi québécoise qui interdit de fumer dans des lieux publics, notamment dans les écoles et les hôpitaux ? (sujet proposé en mai 1987).

sujet amené

Il y a de cela quelques centaines d'années, les Indiens d'Amérique ont initié les blancs à l'utilisation du tabac. Depuis, cette coutume demeure dans nos mœurs, faisant partie intégrante de notre style de vie. Les gens fument par plaisir ou pour se détendre. Les gens fument aussi pour se donner un genre. Les hommes prouvent leur virilité et les femmes revendiquent l'égalité des sexes en fumant, comme des hommes. Plus tard, autour des années soixante-dix, des études médicales démontrent que le tabac en-

sujet rappelé

dommage la santé. Récemment, une loi québécoise interdit le droit de fumer dans des lieux publics, notamment dans les écoles et les hôpitaux. Donc, je

sujet divisé

vous ferai part de mes opinons à ce sujet. Première-ment, nous étudierons les coûts en frais de santé causés par les effets du tabac. En deuxième lieu, nous verrons le taux de mortalité qui est relié la cigarette. Pour terminer, nous traiterons de la liberté des non-fumeurs.

1er aspect

Le système d'assurance-maladie qui a été instauré au Québec est une des grandes réalisations du gou-

affirmation

vernement. La démocratisation de la santé, voilà ce que cela nous a apporté. Mais n'oublions pas que ce sont tous les contribuables qui paient pour ce ser-

argument

vice. Par exemple, parmi les fumeurs, un bon nombre d'entre eux présentent des troubles de santé reliés à l'usage du tabac. D'après des études médicales approfondies sur la question, personne ne peut nier que la cigarette cause des maladies au niveau du système respiratoire, notamment aux poumons.

argument

Des statistiques prouvent qu'il en coûte aux Canadiens quarante millions de dollars en frais de santé.

explication

Tout cela parce qu'il y a des gens qui négligent leur santé en envoyant de la fumée dans l'air parce que, paraît-il, ils arrivent ainsi à se «détendre». C'est à

conclusion\
opinion

se demander si le fait de fumer détend réellement les gens. En regardant les effets nocifs que la cigarette engendre, vous me permettrez d'en douter.

2ᵉaspect

Imaginons maintenant, une personne âgée de quarante ou quarante-cinq ans. Cette personne a une

argument

bonne situation sociale ; elle a fait de longues études postsecondaires, elle est compétente dans son domaine et elle a beaucoup d'expérience. En fait, cette

explication

personne fait rouler l'économie. La société a payé pour amener cette personne au niveau social où elle se trouve. Et pour terminer le tableau, notre personnage fume depuis vingt, vingt-cinq ans. Tout à coup, notre ami découvre qu'il a le cancer des poumons. Après quelques mois de traitements de chimiothérapie, notre ami meurt prématurément. Alors, la société perd un bon travailleur, compétent dans son domaine et qui avait encore beaucoup à donner à sa

argument

société. Au Canada, 40 000 personnes meurent chaque année à cause de la cigarette. Cela ne vous porte-t-il pas à réfléchir ? Si cela vous arrivait ?

3ᵉaspect

Certains peuvent nous amener l'argument suivant: «Si nous voulons fumer, c'est notre droit, nous

affirmation\
opinion

sommes dans un pays libre !» Je suis en accord avec cette affirmation, mais nous sommes dans un pays démocratique où la liberté de l'individu doit être respectée. Il ne faut pas oublier que la liberté des uns finit lorsque la liberté des autres commence. Le fu-

argument

meur a le droit de fumer, mais pas au détriment du

explication

non-fumeur. Saviez-vous que lorsque quelqu'un fume, les gens autour de lui sont quasiment aussi intoxiqués, sinon plus, que le fumeur lui-même. Ce dernier empiète sur la liberté du non-fumeur en lui imposant la fumée que dégage sa cigarette. Le fumeur doit respecter les droits du non-fumeur. C'est

conclusion\
opinion

la moindre des choses d'interdire de fumer dans les endroits publics. Le fumeur n'a qu'à se retirer dans son bureau ou chez lui s'il veut fumer.

conclusion

Autrefois, nos ancêtres fumaient sans se soucier des effets nocifs qu'ils faisaient subir à leur organisme.

résumé

Avec le temps, les recherches scientifiques dans le domaine médical ont apporté un bon nombre de solutions remédiant à plusieurs maladies. C'est

ouverture

grâce à la science que l'espérance de vie est si élevée aujourd'hui, mais il y a encore du chemin à faire.

solution

C'est pourquoi, il est important d'éduquer les gens à cesser de fumer, car cela nuit à leur santé. Il faut donc que la société évolue et pour accélérer cette évolution, le gouvernement adopte des lois comme celle qui vient d'être mise en vigueur au sujet des fumeurs dans les endroits publics. Au Canada, si vous fumez dans un édifice public comme un hôpital, une banque ou une école, vous devez payer 25$ d'amende. Aux États-Unis, l'amende s'élève à 250$. En Californie, il est même interdit de fumer dans

opinion

certains restaurants. Moi, je dis bravo à toutes ces mesures de protection de la santé publique et je souhaite qu'un jour chacun ait la possibilité de vivre jusqu'à cent ans!

Marie-Claude Brouillet
Polyvalente Louis-P. Paré
Commission scolaire de Châteauguay
En toute liberté d'opinion, ministère de l'Éducation,
Gouvernement du Québec, 1988, p. 28-29.

3.5.1.2 Plan détaillé du texte du texte de l'élève

SON INTRODUCTION

Sujet amené

par l'histoire:

Il y a de cela quelques centaines d'années, les Indiens d'Amérique ont initié les blancs à l'utilisation du tabac.

par des considérations générales sur l'habitude de fumer:

Depuis, cette coutume demeure dans nos mœurs, faisant partie intégrante de notre style de vie. Les gens fument par plaisir ou pour se détendre. Les gens fument aussi pour se donner un genre. Les hommes prouvent leur virilité et les femmes revendiquent l'égalité des sexes en fumant, comme des hommes.

Sujet rappelé textuellement

Récemment, une loi québécoise interdit le droit de fumer dans des lieux publics, notamment dans les écoles et les hôpitaux.

Sujet divisé en trois aspects:

1er aspect: *Premièrement, nous étudierons les coûts en frais de santé causés par les effets du tabac.*

2e aspect: *En deuxième lieu, nous verrons le taux de mortalité qui est relié la cigarette.*

3e aspect: *Pour terminer, nous traiterons de la liberté des non-fumeurs.*

SON DÉVELOPPEMENT

1er ASPECT

Affirmation:

1- *Le système d'assurance-maladie qui a été instauré au Québec est une des grandes réalisations du gouvernement. La démocratisation de la santé, voilà ce que cela nous a apporté. Mais n'oublions pas que ce sont tous les contribuables qui paient pour ce service.*

2- *Par exemple, parmi les fumeurs, un bon nombre d'entre eux présentent des troubles de santé reliés à l'usage du tabac.*

Argument/preuve:

1- *D'après des études médicales approfondies sur la question, personne ne peut nier que la cigarette cause des maladies au niveau du système respiratoire, notamment aux poumons.*

2- *Des statistiques prouvent qu'il en coûte aux Canadiens quarante millions de dollars en frais de santé.*

Explication:

Tout cela parce qu'il y a des gens qui négligent leur santé en envoyant de la fumée dans l'air parce que, paraît-il, ils arrivent ainsi à se «détendre».

Conclusion/opinion:

C'est à se demander si le fait de fumer détend réellement les gens. En regardant les effets nocifs que la cigarette engendre, vous me permettrez d'en douter.

2e ASPECT

Argument/preuve 1:

Imaginons maintenant, une personne de quarante ou quarante-cinq ans qui fume depuis vingt ans.

Explication:

Cette personne a une bonne situation sociale; elle a fait de longues études postsecondaires, elle est compétente dans son domaine et elle a beaucoup d'expérience. En fait, cette personne fait rouler l'économie La société a payé pour amener cette personne au niveau social où elle se trouve. Et pour terminer le tableau, notre personnage fume depuis vingt, vingt-cinq ans. Tout à coup, notre ami découvre qu'il a le cancer des poumons. Après quelques mois de traitements de chimiothérapie, notre ami meurt prématurément. Alors, la société perd un bon travailleur, compétent dans son domaine et qui avait encore beaucoup à donner à sa société.

Argument/preuve 2:

Au Canada 40 000 personnes meurent chaque année à cause de la cigarette.

3ᵉ ASPECT

Affirmation (objection):

Certains peuvent nous amener l'argument suivant: «Si nous voulons fumer, c'est notre droit, nous sommes dans un pays libre!»

Opinion:

Je suis en accord avec cette affirmation, mais nous sommes dans un pays démocratique où la liberté de l'individu doit être respectée.

Argument/preuve:

principe: *Il ne faut pas oublier que la liberté des uns finit lorsque la liberté des autres commence. Le fumeur a le droit de fumer, mais pas au détriment du non-fumeur.*

argument: *... Lorsque quelqu'un fume, les gens autour de lui sont quasiment aussi intoxiqués sinon plus que le fumeur lui-même.*

Explication:

Ce dernier empiète sur la liberté du non-fumeur.

Conclusion/opinion:

Le fumeur doit respecter les droits du non-fumeur. C'est la moindre des choses d'interdire de fumer dans les endroits publics.

SA CONCLUSION

Résumé et ouverture:

Autrefois, nos ancêtres fumaient sans se soucier des effets nocifs qu'ils faisaient subir à leur organisme.

Avec le temps, les recherches scientifiques dans le domaine médical ont apporté un bon nombre de solutions remédiant à plusieurs maladies. C'est grâce à la science que l'espérance de vie est si élevée aujourd'hui.

Solutions:

C'est pourquoi, il est important d'éduquer les gens à cesser de fumer, car cela nuit à leur santé. Il faut donc que la société évolue et pour accélérer cette évolution, le gouvernement adopte des lois comme celle qui vient d'être mise en vigueur au sujet des fumeurs dans les endroits publics. Au Canada, si vous fumez dans un édifice public comme un hôpital, une banque ou une école, sous devez payer 25$ d'amende. Aux États-Unis, l'amende s'élève à 250$. En Californie, il est même interdit de fumer dans certains restaurants.

Opinion:

Moi, je dis bravo à toutes ces mesures de protection de la santé publique et je souhaite qu'un jour chacun ait la possibilité de vivre jusqu'à cent ans!

3.5.2 Le plan dialectique (thèse, antithèse, synthèse)

A) Description

Le plan dialectique permet de présenter une question selon ses côtés positifs d'une part et, d'autre part, ses côtés négatifs. On retrouve ce genre de dialectique dans la présentation des avantages suivis des inconvénients. Ces éléments constituent les deux premiers aspects du développement.

1er aspect: (thèse) présentation des avantages, des côtés positifs.

2e aspect: (antithèse) présentation des inconvénients ou côtés négatifs.

3e aspect: (synthèse) présentation de la position personnelle,
— proposition ou perspective nouvelle,
— solution nouvelle.

> ## À RETENIR !
>
> Dans le plan dialectique (thèse, antithèse, synthèse), le troisième aspect (la synthèse) peut servir de conclusion générale à votre texte. Mais qu'il serve ou non de conclusion, il doit obligatoirement présenter un argument nouveau. Si, en plus de la synthèse, vous écrivez une conclusion générale (résumé et ouverture) à votre texte, votre opinion personnelle devra réapparaître dans cette conclusion.

3.5.2.1 Texte rédigé selon un plan dialectique

Les élèves perturbateurs devraient-ils être renvoyés définitivement de l'école ? (sujet proposé en mai 1989).

sujet amené	*De tout temps, les élèves perturbateurs ont constitué un grave problème, difficile à résoudre. Bien sûr, la*
sujet rappelé	*solution la plus évidente pour y remédier est le renvoi pur et simple de ces élèves. Mais est-ce cela le*
opinion	*moyen le plus efficace ? Mon opinion est très partagée sur ce délicat sujet. Pour régler une fois pour*
sujet divisé	*toute cette situation, on doit prendre en considération le droit d'apprendre qu'ont les autres élèves. On doit aussi penser aux principaux intéressés, les élèves dérangeants. Je vais essayer, tout au long de ce texte, de développer ces aspects afin de trouver la meilleure solution possible.*
1er aspect (thèse)	*Premièrement, parlons des jeunes qui ne dérangent pas, ceux qui sont «dans le droit chemin». Évidem-*
affirmation	*ment, ils ont le droit d'apprendre. Ils ont envie de*
explication	*travailler à l'école. Pour eux, l'école est le lieu où l'on se doit de rester tranquille et de faire ce que dit*
opinion	*le professeur. Et ils ont bien raison ! Pourquoi aller*

81

argument	*à l'école si ce n'est pour apprendre? Or, il se trouve que certains élèves dérangent dans les classes. Quant un enseignant passe la moitié du cours à les réprimander, il ne reste plus beaucoup de temps pour apprendre les notions inhérentes à sa matière. Les*
explication	*professeurs se plaignent toujours du manque de temps qu'ils ont pour enseigner leur programme. Ils sont tout le temps serrés dans la planificaiton des cours et doivent même quelquefois omettre l'apprentissage de certains objectifs s'ils veulent réussir à finir d'enseigner les notions essentielles avant la fin*
opinion	*de l'année scolaire. Je crois que s'ils n'avaient pas à remettre à leur place certains élèves toutes les cinq minutes, ils n'auraient pas autant de problèmes. En*
conclusion	*ce sens, les élèves perturbateurs ne doivent pas rester dans les classes, pour le bien des autres.*
2e aspect (antithèse)	*À l'opposé, il y a ces petites pestes que sont les élèves dérangeants. Connu comme étant la bête noire de ses*
affirmation	*professeurs, l'élève perturbateur se vante d'avoir battu son record d'expulsions pour une semaine. Il*
argument	*se réjouit à la vue d'un professeur en colère et, la plupart du temps, ses notes sont plus basses que la température de la classe! Mais au fond, est-il vraiment heureux de son sort? S'il se fait expulser définitivement de son école, que lui arrivera-t-il? C'est bien simple:*
argument	*il ira sur le marché du travail et touchera le salaire minimum toute sa vie. Bel avenir en perspective,*
opinion	*n'est-ce pas? D'après moi, ces jeunes ont davantage besoin d'aide que d'un renvoi. Ils ont, eux aussi, le droit d'apprendre, bien qu'ils n'en éprouvent pas*
argument	*l'envie. Ils sont jeunes et ont besoin qu'on les aide à réparer leurs erreurs. Il faut leur donner l'envie d'apprendre. Peut-être pas la chimie ou la physique, mais au moins l'essentiel: le français, les maths. En effet, nous ne les aiderons pas en essayant de leur faire comprendre la deuxième loi de Newton.*

opinion	*Au contraire, ils s'enfonceront davantage encore dans l'ennui et le dégoût de l'école.*
3ᵉ aspect (conc.\ synthèse) solution	*Pour conclure, voici la solution que je propose. Les professeurs devraient se réunir et parler des cas qui les embêtent. S'ils étaient tous d'accord, on enlève- rait les élèves concernés des classes régulières pour les placer dans des classes d'enseignement pratique où on leur ferait faire divers travaux communau-*
explication	*taires. En plus de rendre service, les jeunes appren- draient à vivre. Ils deviendraient, petit à petit, plus*
solution	*«civilisés», tout en se sentant utiles. Ensuite, ils retourneraient à l'école, dans les cours «essentiels» (français, maths) ou dans les cours réguliers, selon*
opinion	*le choix de chacun. Je suis persuadé qu'on réussirait à «rattraper» de nombreux cas jugés irrécupérables par certains enseignants.*

Denis Mouraux
Polyvalente Pointe-aux-Trembles
Commission scolaire Jérôme-Le Royer
En toute liberté d'opinion, ministère de l'Éducation,
Gouvernement du Québec, 1988, p. 36-37.

3.5.2.2 Plan détaillé du texte de l'élève

SON INTRODUCTION

Sujet amené :

De tout temps, les élèves perturbateurs ont constitué un grave problème, difficile à résoudre.

Sujet rappelé :

... le renvoi pur et simple de ces élèves. Mais est-ce cela le moyen le plus efficace ?

Opinion (ambivalente ou partagée):

Mon opinion est très partagée sur ce sujet délicat.

Sujet divisé:

1er aspect (thèse): *Le droit d'apprendre qu'ont les autres élèves.*

2e aspect (antithèse): *Les élèves dérangeants (leurs droits).*

3e aspect (synthèse-conclusion): *Je vais essayer, tout au long de ce texte, de développer ces aspects afin de trouver la meilleure solution possible.*

SON DÉVELOPPEMENT

1^{er}ASPECT (thèse)

Affirmation 1:

Premièrement, parlons des jeunes qui ne dérangent pas, ceux qui sont «dans le droit chemin». Évidemment, ils ont le droit d'apprendre.

Argument 1:

(cet énoncé général est une évidence et sert d'argument)

Explication 1:

Ils ont envie de travailler à l'école. Pour eux, l'école est le lieu où l'on se doit de rester tranquille et de faire ce que dit le professeur.

Opinion 1 (conclusion):

Et ils ont bien raison! Pourquoi aller à l'école si ce n'est pour apprendre?

Or,... (suite du raisonnement)

Affirmation 2:

Or, il se trouve que certains élèves dérangent dans les classes.

Argument/preuve:

Quand un enseignant passe la moitié du cours a les réprimander...

Explication/démonstration (conséquence):

... il ne reste plus beaucoup de temps pour apprendre les notions inhérentes à sa matière.

Affirmation 3:

Les professeurs se plaignent du manque de temps pour enseigner leur programme.

Argument/preuve:

Les professeurs sont serrés dans la planification des cours et doivent omettre l'apprentissage de certains objectifs.

Opinion:

Je crois que s'ils n'avaient pas à remettre à leur place certains élèves toutes les cinq minutes, ils n'auraient pas autant de problèmes.

Conclusion de la thèse:

En ce sens, les élèves perturbateurs ne doivent pas rester dans les classes, pour le bien des autres.

2ᵉ ASPECT (antithèse)

Affirmation 1:

À l'opposé, il y a ces petites pestes que sont les élèves dérangeants. Connu comme étant la bête noire de ses professeurs...

Argument/preuve:

... l'élève perturbateur se vante d'avoir battu son record d'expulsions pour une semaine.
Il se réjouit à la vue d'un professeur en colère et, la plupart du temps, ses notes sont plus basses que la température de la classe!

Affirmation 2:

S'il se fait expulser définitivement de son école, que lui arrivera-t-il? (cette solution comporte des conséquences graves)

Argument preuve :

Il ira sur le marché du travail et touchera le salaire minimum toute sa vie.

Opinion :

D'après moi, ces jeunes ont davantage besoin d'aide que d'un renvoi.

Affirmation 3 :

Ils ont, eux aussi, le droit d'apprendre.

Argument :

Ils sont jeunes et ont besoin qu'on les aide à réparer leurs erreurs.
Il faut leur donner l'envie d'apprendre. Peut-être pas la chimie ou la physique, mais au moins l'essentiel.

3e ASPECT (conclusion) (synthèse-solution, opinion personnelle)

Affirmation :

Pour conclure, voici la solution que je propose. Les professeurs devraient...

Solution 1 :

... se réunir et parler des cas qui les embêtent. S'ils étaient tous d'accord, on enlèverait les élèves concernés des classes régulières pour les placer dans des classes d'enseignement pratique où on leur ferait faire divers travaux communautaires.

Explication :

En plus de rendre service, les jeunes apprendraient à vivre. Ils deviendraient, petit à petit, plus « civilisés » tout en se sentant utiles.

Solution 2 :

Ensuite, ils retourneraient à l'école dans les cours « essentiels » ou dans les cours réguliers, selon le choix de chacun.

Opinion:

Je suis persuadé qu'on réussirait à « rattraper » de nombreux cas jugés irrécupérables.

3.5.3 Le plan analytique (causes, conséquences, solutions)

A) Description

Le plan analytique procède par l'examen et l'analyse d'une question par ses causes et ses conséquences en analysant également les solutions possibles.

Le plan analytique offre donc un plan de texte d'opinion qui se lit comme suit:

1er aspect: analyse des causes

2e aspect: analyse des conséquences

3e aspect: analyse des solutions possibles

À RETENIR!

Dans le plan analytique (causes, conséquences, solutions), le troisième aspect (la synthèse des solutions) peut servir de conclusion général à votre texte. Mais qu'il serve ou non de conclusion, il doit obligatoirement présenter un argument nouveau. Si, en plus de la synthèse des solutions, vous écrivez une conclusion générale (résumé et ouverture) à votre texte, votre opinion personnelle devra réapparaître dans cette conclusion.

3.5.3.1 Texte rédigé selon un plan analytique

Que pensez-vous du fait que, en cinquième année du secondaire, les élèves font, en moyenne, une faute de français tous les dix mots ? (sujet proposé en mai 1987).

Sujet amené	*Il y a de ces manchettes qui vous font tressaillir et réfléchir pendant longtemps. Vous les relisez, vous croyez avoir mal vu, mais la lecture ne change pas. C'est le cas de ce gros titre paru dans la Presse, en*
sujet rappelé	*mai 1986: «Les étudiants du secondaire font une faute à tous les dix mots.» À ce sujet les opinions sont partagées: «C'est pour le moins inquiétant», diront certains, «Cela ne signifie rien du tout», affirment*
opinion	*d'autres. Quant à mon point de vue face à l'avenir de la langue française au Québec, il ne peut qu'être terni par de telles statistiques.*
1er aspect (causes)	*On a beaucoup parlé de cette évaluation de la qualité du français écrit au Québec et il semble que ce fait n'est pas le seul à me pousser à croire qu'un certain*
affirmation	*manque d'intérêt — si ce n'est un manque d'intérêt certain — accable la gent écolière québécoise. En*
argument	*effet, l'évaluation du français écrit proposée aux membres de la francophonie en septembre dernier s'est soldée, elle aussi, par une piètre performance des représentants du Québec: la dernière place (!).*
opinion	*C'est pourquoi j'en arrive à croire qu'une vague de désintéressement face à leur langue déferle présentement sur les jeunes Québécois. Nous manquons sûrement d'intérêt face à l'écriture et, par conséquent,*
explication	*à la préservation de notre langue. Pourquoi ? Et bien*
opinion	*je crois qu'un facteur jouant, dans ce sens, un rôle prépondérant, réside dans une quelconque incon- science, peut-être même une certaine insouciance*

face aux conséquences directes, sur la société, que pourrait entraîner la dégradation de notre langue.

2ᵉ aspect
(conséquences)
affirmation

argument

Cette facette particulière du problème me pousse à me demander ce qu'il adviendrait du Québec de demain sans l'intérêt linguistique de la part des jeunes d'aujourd'hui : une génération abandonnant sa langue sous prétexte que «c'est trop dur», au profit, surtout, de la langue anglaise. Et si l'on se dirigeait, de nouveau, vers les problèmes encourus par un retour à l'ère «PRÉ-LOI 101», nous serait-il jamais possible à nous, les jeunes d'aujourd'hui, de reprendre le dessus sur la force américaine? La

explication

opinion

préservation de la qualité du français, tant à l'oral qu'à l'écrit, se fait de plus en plus nécessaire et pressante, car je suis d'avis qu'un relâchement trop accentué pourrait, à ce niveau, nous forcer à envisager la chute prochaine du français au Québec.

3ᵉ aspect
(solutions)

affirmation

argument

De plus, il semble très clair que le retour aux valeurs individuelles n'ait pas aidé à consolider les bases du français, du moins, pas dans le cœur des jeunes au Québec. En accordant moins d'importance aux sentiments d'appartenance nationale et linguistique, tout en se désintéressant quelque peu d'une forme de militantisme énergique que connaissait et vivait le Québec il n'y a pas si longtemps, les jeunes d'ici semblent reléguer au second rang l'importance du droit de vivre, de penser, de parler et d'écrire dans la langue originale de notre milieu.

conclusion
(autres solutions)

opinion

Si le français au Québec a la corde au cou, il n'est pas dit que la trappe s'est déjà ouverte sous ses pieds. Par contre, il est nécessaire d'agir maintenant afin d'écarter le nœud coulant et sortir ainsi le Québec d'une posture pour le moins inconfortable. C'est pourquoi il semble qu'il est temps pour les jeunes du

<table>
<tr><td>ouverture</td><td>*Québec de participer ensemble à la promotion du français au Québec.*

« Les paroles s'en vont, les écrits restent » dit-on ... concentrons-nous donc à bâtir au Québec, ensemble, par les lettres, notre avenir et celui de notre langue.</td></tr>
</table>

Simon Hénaire
École secondaire Paul-Gérin Lajoie
Commision scolaire Sainte-Croix
En toute liberté d'opinion, ministère de l'Éducation,
Gouvernement du Québec, 1988, p. 66-67.

3.5.3.2 Plan détaillé du texte de l'élève

SON INTRODUCTION

Sujet amené (par l'actualité) :

Il y a de ces manchettes qui vous font tressaillir et réfléchir pendant longtemps. Vous les relisez, vous croyez avoir mal vu, mais la lecture ne change pas. C'est le cas de ce gros titre paru dans la Presse, en mai 1986 :

Sujet rappelé :

« Les étudiants du secondaire font une faute à tous les dix mots. »

Opinion personnelle :

Quant à mon point de vue face à l'avenir de la langue française au Québec, il ne peut qu'être terni par de telles statistiques.

SON DÉVELOPPEMENT

1er ASPECT (causes)

Affirmation:

On a beaucoup parlé de cette évaluation de la qualité du français écrit au Québec et il semble que ce fait n'est pas le seul à me pousser à croire qu'un certain manque d'intérêt — si ce n'est un manque d'intérêt certain — accable la gent écolière québécoise.

Argument/preuve:

En effet, l'évaluation du français écrit proposée aux membres de la francophonie en septembre dernier s'est soldée, elle aussi, par une piètre performance des représentants du Québec: la dernière place (!).

Explication (opinion):

C'est pourquoi j'en arrive à croire qu'une vague de désintéressement face à leur langue déferle présentement sur les jeunes Québécois. Nous manquons sûrement d'intérêt face à l'écriture et, par conséquent, à la préservation de notre langue.

Pourquoi? Et bien je crois qu'un facteur jouant, dans ce sens, un rôle prépondérant, réside dans une quelconque inconscience, peut-être même une certaine insouciance face aux conséquences directes, sur la société, que pourrait entraîner la dégradation de notre langue.

2e ASPECT (conséquences)

Affirmation:

Cette facette particulière du problème me pousse à me demander ce qu'il adviendrait du Québec de demain sans l'intérêt linguistique de la part des jeunes d'aujourd'hui:

Arguments/preuves:

Conséquence 1:
une génération abandonnant sa langue sous prétexte que «c'est trop dur», au profit, surtout, de la langue anglaise.

Conséquence 2:

Et si l'on se dirigeait, de nouveau, vers les problèmes encourus par un retour à l'ère «PRÉ-LOI 101», nous serait-il jamais possible à nous, les jeunes d'aujourd'hui, de reprendre le dessus sur la force américaine?

Explication/solution:

La préservation de la qualité du français, tant à l'oral qu'à l'écrit, se fait de plus en plus nécessaire et pressante.

Opinion:

... car je suis d'avis qu'un relâchement trop accentué pourrait, à ce niveau, nous forcer à envisager la chute prochaine du français au Québec.

3e ASPECT (solutions)

Affirmation:

De plus, il semble que le retour aux valeurs individuelles n'a pas aidé à consolider les bases du français, du moins, pas dans le cœur des jeunes d'aujourd'hui.

Argument/explication:

En accordant moins d'importance aux sentiments d'apparte-nance nationale et linguistique tout en se désintéressant d'une forme de militantisme énergique que connaissait et vivait le Québec, les jeunes d'ici semblent reléguer au second rang l'im-portance du droit de vivre, de penser, de parler et d'écrire dans la langue originale de notre milieu.

SA CONCLUSION

Autres solutions:

Si le français au Québec a la corde au cou, il n'est pas dit que la trappe s'est déjà ouverte sous ses pieds. Par contre, il est nécessaire d'agir maintenant afin d'écarter le nœud coulant et sortir le Québec d'une posture pour le moins inconfortable.

Opinion:

*C'est pourquoi il est temps pour les jeunes du Québec de parti-
ciper ensemble à la promotion du français au Québec.*

Ouverture:

*«Les paroles s'en vont, les écrits restent» dit-on... concentrons-
nous donc à bâtir au Québec, ensemble, par les lettres, notre
avenir et celui de notre langue.*

3.5.4 Le plan syllogistique

A) Description

Le plan syllogistique (le syllogisme) est un type d'argumentation qui développe un raisonnement logique, précis, rigoureux.

Habituellement, on développe un syllogisme argumentatif de la
façon suivante:

1- Présentation d'une affirmation, hypothèse, principe de départ
généralement admis par la majorité.

2- Explication (démonstration) par des preuves (arguments, exemples, faits, etc.)

3- Déduction de la conclusion (la conséquence) qui établit la
véracité de l'affirmation de départ.

3.5.4.1 Texte rédigé selon un plan syllogistique

Le retour de l'uniforme dans les écoles secondaires serait-il une solution à la bonne tenue vestimentaire? (Sujet proposé en mai 1989)

Sujet amené (histoire)	*Depuis quelques décennies, les tendances idéologiques et sociologiques internationales ont fortement influencé la mode vestimentaire nord-américaine. N'ayant souvent aucun contrôle sur ces mutations vestimentaires affectant principalement les adolescents, certains parents alarmistes réclament le retour de l'uniforme dans les écoles publiques québécoises. Bien qu'ils revendiquent cela dans un but louable, je ne peux m'empêcher de trouver aberrant cet excès de conformisme qui n'a pas sa place dans une société libre comme le Québec.*
sujet rappelé	
opinion	
1er aspect (hypothèse) affirmation	*Premièrement, je crois qu'il est inconcevable d'interdire aux élèves de se vêtir comme bon leur semble lorsque l'on sait que la tenue verstimentaire d'une personne est un moyen d'expression. En effet, plusieurs études portant sur les jeunes et la mode ont été faites au Québec, et il en ressort indéniablement que la tenue vestimentaire d'une personne est, principalement à l'adolescence, un reflet concret de l'individu. Par exemple, bien que la marginalité du mouvement «punk» se soit atténuée depuis la fin des années soixante-dix, encore beaucoup de jeunes s'identifient aux idéologies pessimistes véhiculées par ce mouvement. D'autre part, on rencontre les «preppies», ces jeunes bon chic bon genre, venant de milieux relativement aisés et ayant comme idéal d'accéder à la haute société de demain. De plus, notre société, ayant un rythme si rapide et si stressant, ne laisse pas beaucoup de temps à l'expression personnelle. Il ne faudrait pas enlever ce moyen d'expression aux élèves.*
argument	
argument	
opinion	

2ᵉ aspect (démonstration) affirmation	*Deuxièmement, s'opère à l'adolescence une remise en question presque globale des valeurs inculquées par le milieu pendant l'enfance. N'ayant plus ces valeurs pour le guider, l'adolescent se doit de s'en créer de nouvelles afin de se donner des balises qui le guideront dans son cheminement individuel vers*
explication	*la vie adulte. Très souvent, l'adolescent va retrouver l'occasion de partager ses idées avec d'autres en se regroupant avec des personnes avec qui il a des affinités. Et, habituellement, ces affinités sont d'ordre visuel, donc vestimentaire. De plus, c'est à l'aide de vêtements que l'adolescent va s'identifier à ses*
opinion	*héros. Pour ces deux raisons, je crois qu'il est important de préserver la liberté de choisir ses vêtements dans un milieu comme l'école.*
3ᵉ aspect (clôture du raisonnement) affirmation	*Troisièmement, bien que certains se plaignent que la tenue vestimentaire des jeunes cause des problèmes de toutes sortes, je ne crois pas qu'il soit correct de réintroduire les uniformes à l'école. Peut-être cela règlerait-il certains problèmes en milieu scolaire, mais imaginez l'ampleur que prendraient les problèmes de la rue si tous les élèves perdaient cette tribune qu'est le milieu scolaire et n'avaient plus que la rue pour s'exprimer librement sur le plan vesti-*
explication	*mentaire. C'est là que naîtraient les vrais abus. De plus, dans notre société, le conformisme social est de plus en plus présent. Avec l'augmentation continuelle de l'informatisation dans la gestion de notre société, nous sommes, souvent contre notre gré, obligés de faire des concessions pour cadrer avec les moules imposés par cette même société. Pour moi, il*
opinion	*est clair qu'il faut éviter de courir trop rapidement vers ce gouffre qu'est la conformité sociale. Je crois que le retour de l'uniforme scolaire serait un grand pas vers ce conformisme social que nous devons éviter à tout prix.*

conclusion	*En conclusion, je crois que l'on ne peut enlever ce*
opinion	*moyen d'expression très légitime aux élèves. Si cer-*
résumé	*taines personnes pensent qu'il existe des problèmes*
ouverture	*causés par ce mode d'expression, qu'ils soumettent*

*ces cas aux autorités concernées qui pourront exer-
cer un certain contrôle sur les abus, mais, on ne peut
empêcher quelqu'un de s'exprimer.*

Guillaume Barbès
Polyvalente de la Forêt
Commission scolaire Harricana
En toute liberté d'opinion, ministère de l'Éducation,
Gouvernement du Québec, 1989, p. 10-11.

3.5.4.2 Plan détaillé du texte de l'élève

SON INTRODUCTION

Sujet amené (par des considérations historiques):

*Depuis quelques décennies, les tendances idéologiques et socio-
logiques internationales ont fortement influencé la mode vestimentaire nord-américaine.*

Sujet rappelé:

*... certains parents alarmistes réclament le retour de l'uniforme
dans les écoles publiques québécoises.*

Opinion:

*... je ne peux m'empêcher de trouver aberrant cet excès de
conformisme qui n'a pas sa place dans une société libre comme
le Québec.*

SON DÉVELOPPEMENT

1er ASPECT (présentation de l'hypothèse, de la situation ou du principe de départ).

Affirmation :

Premièrement, je crois qu'il est inconcevable d'interdire aux élèves de se vêtir comme bon leur semble lorsque l'on sait que la tenue vestimentaire d'une personne est un moyen d'expression.

Démonstration et arguments :

En effet, plusieurs études portant sur les jeunes et la mode ont été faites au Québec et il en ressort indéniablement que la tenue vestimentaire d'une personne est, principalement à l'adolescence, un reflet concret de l'individu.

Exemple 1 :

Par exemple, bien que la marginalité du mouvement «punk» se soit atténuée depuis la fin des années soixante-dix, encore beaucoup de jeunes s'identifient aux idéologies pessimistes véhiculés par ce mouvement.

Exemple 2 :

D'autre part, on rencontre les «preppies», ces jeunes bon chic bon genre, venant de milieux relativement aisés et ayant comme idéal d'accéder à la haute société de demain.

Conclusion\opinion :

Il ne faudrait pas enlever ce moyen d'expression aux élèves.

Or, (suite du raisonnement)

2e ASPECT (démonstration, explication par des preuves ou arguments qui soutiennent l'hypothèse de départ présentée au 1er aspect.).

Affirmation :

Deuxièmement, s'opère à l'adolescence une remise en question presque globale des valeurs inculquées par le milieu pendant l'enfance.

Démonstration\explication :

a) *N'ayant plus ces valeurs pour le guider, l'adolescent se doit de s'en créer de nouvelles afin de se donner des balises qui le guideront dans son cheminement individuel vers la vie adulte. Très souvent, l'adolescent va retrouver l'occasion de partager ses idées avec d'autres en se regroupant avec des personnes avec qui il a des affinités. Et, habituellement, ces affinités sont d'ordre visuel, donc vestimentaire.*

b) *De plus, c'est à l'aide de vêtements que l'adolescent va s'identifier à ses héros.*

Conclusion\opinion :

Pour ces deux raisons, je crois qu'il est important de préserver la liberté de choisir ses vêtements dans un milieu comme l'école.

3ᵉ ASPECT (déduction de la conclusion, clôture du raisonnement)

Affirmation :

Troisièmement, bien que certains se plaignent que la tenue vestimentaire des jeunes cause des problèmes de toutes sortes, je ne crois pas qu'il soit correct de réintroduire les uniformes à l'école.

Peut-être cela règlerait-il certains problèmes en milieu scolaire, mais imaginez l'ampleur que prendraient les problèmes de la rue si tous les élèves perdaient cette tribune qu'est le milieu scolaire et n'avaient plus que la rue pour s'exprimer librement sur le plan vestimentaire. C'est là que naîtraient les vrais abus.

Démonstration\explication :

De plus, dans notre société, le conformisme social est de plus en plus présent.

Exemple : *Avec l'augmentation continuelle de l'informatisation dans la gestion de notre société, nous sommes, souvent contre notre gré, obligés de faire des concessions pour cadrer avec les moules imposés par cette même société.*

Conclusion\opinion :

Pour moi, il est clair qu'il faut éviter de courir trop rapidement vers ce gouffre qu'est la conformité sociale. Je crois que le retour de l'uniforme scolaire serait un grand pas vers ce conformisme social que nous devons éviter à tout prix.

SA CONCLUSION

Résumé (opinion) :

En conclusion, je crois que l'on ne peut enlever ce mode d'expression très légitime aux élèves.

Ouverture :

Si certaines personnes pensent qu'il existe des problèmes causés par ce mode d'expression, qu'ils soumettent ces cas aux autorités concernées qui pourront exercer un certain contrôle sur les abus.

Opinion :

on ne peut empêcher quelqu'un de s'exprimer.

3.5.5 Le plan par opposition (le pour et le contre)

A) Description

Le plan par opposition présente une succession d'arguments pour ou en faveur d'une affirmation de départ et un enchaînement d'arguments contre la position annoncée.

ATTENTION !

1- Pour tout texte d'opinion qui procède par opposition en deux aspects, on doit obligatoirement trouver deux arguments par aspect.

2- Pour tout texte d'opinion présenté en deux aspects (le pour et le contre), la conclusion est obligatoire et doit contenir, en plus du résumé de l'argumentation et de l'ouverture du sujet, l'opinion personnelle de l'élève.

3.5.5.1 Texte rédigé selon un plan par opposition

Le retour de l'uniforme dans les écoles secondaires serait-il une solution à la bonne tenue vestimentaire? (sujet proposé en mai 1989)

Sujet amené	*Au Québec, nous assistons de plus en plus à la formation de groupes de jeunes dans les écoles. Le plus souvent, ce qui les unit, ce sont les vêtements qu'ils portent. Mais qu'adviendrait-il de ces mêmes groupes si tous les élèves étaient vêtus de la même*
opinion	*façon? Je crois que le port de l'uniforme dans les*
sujet posé	*écoles serait bénéfique pour tout le monde quoiqu'il ait un côté un peu déplaisant pour la gent écolière.*
1er aspect (contre)	*D'abord, le côté moins reluisant est celui où les*
affirmation	*élèves se font imposer un uniforme. En effet, pour ces*
explication	*adolescents qui cherchent à s'affirmer par leur ma- nière d'agir et de se vêtir, il est difficile de se plier*
argument	*au «caprice» de leur école. Il est même prouvé que le port de l'uniforme est en général très mal accueilli par les élèves qui se font «enlever» leur liberté d'expression. Mais là où les élèves se plaignent da- vantage, c'est lorsque la couleur de l'uniforme ne convient pas à leur personnalité. Le bleu peut très bien aller à une blonde aux yeux bleus, mais à une*
opinion	*rousse aux yeux pers? Le concept de l'uniforme doit donc être adapté de façon à ce qu'il plaise aux élèves. Mission impossible? Je ne crois pas...*

100

2e aspect (pour) affirmation	*Ensuite, l'uniforme permettrait, cependant, d'en- rayer le phénomène des groupes de jeunes. La majo- rité de ces groupes de jeunes repose sur les vêtements*
argument	*que portent leurs membres. Dernièrement, un bulle- tin de nouvelles mentionnait qu'à Montréal, dans les écoles, si un groupe de jeunes portent des vêtements «Adidas» aucun autre jeune de l'école ne peut en porter s'il n'est pas membre du groupe. C'est de la*
opinion	*folie! On y mentionnait également que le seul moyen de faire cesser cette folie est de forcer le retour des uniformes dans les écoles. De ce fait, les jeunes*
explication	*seront appelés à côtoyer des gens qu'ils n'auraient même pas osé regarder s'ils n'avaient pas été assez bien pour eux. L'uniforme contribuerait donc à ren- dre à l'école un cachet homogène qui favoriserait une meilleure entente entre les gens.*
3e aspect (pour) affirmation argument	*Enfin, l'uniforme aurait comme effet de ramener tout le monde sur un même pied. Nous assisterions alors à l'abolition des classes sociales. Les spécialistes sont unanimes sur le fait qu'un élève mal vêtu à cause de la pauvreté se sent mal à l'aise dans un groupe de «riches» et, par conséquent, réussit moins bien sur*
argument	*le plan scolaire. Dans les écoles pilotes, c'est-à-dire celles qui ont tenté l'expérience de l'uniforme, les gens sont tous d'accord pour dire que l'uniforme contribue à augmenter les moyennes scolaires. En effet, la seule vraie différence entre les gens se trouve abolie, ce qui donne pour résultat que les élèves sont plus aptes à se concentrer et qu'un meilleur climat d'entente règne parmi les élèves. Pourquoi attendre plus longtemps avant de ramener l'uniforme?*
conclusion	*En somme, les bons côtés de l'uniforme l'emportent, et de loin, sur ses mauvais côtés. Malgré tout, l'uni- forme doit être ramené progressivement et non brus- quement, si nous voulons que les élèves l'acceptent.*

opinion	*Cependant, il faudrait revoir son concept pour le garder à la mode et, même, l'offrir en différentes couleurs de façon à ce qu'il plaise. S'il est vrai que*
ouverture	*« qui se ressemble s'assemble », essayez d'imaginer comment serait la vie dans une école où les élèves porteraient des uniformes...*

Dominic Corriveau
Polyvalente Le Tournesol

Commission scolaire Morilac *En toute liberté d'opinion*, ministère de l'Éducation, Gouvernement du Québec, 1989, p. 12-13

3.5.5.2 Plan détaillé du texte de l'élève

SON INTRODUCTION

Sujet amené :

Au Québec, nous assistons de plus en plus à la formation de groupes de jeunes dans les écoles. Le plus souvent, ce qui les unit, ce sont les vêtements qu'ils portent. Mais qu'adviendrait-il de ces mêmes groupes si tous les élèves étaient vêtus de la même façon ?

Sujet posé avec l'opinion :

Je crois que le port de l'uniforme serait bénéfique pour tout le monde quoiqu'il ait un côté un peu déplaisant pour la gent écolière. (réserve)

Observation :

– Ici l'élève exprime une opinion tranchée : *Je crois que (ce) serait bénéfique pour tout le monde.* Donc, il est pour le retour de l'uniforme.

> – Mais, il annonce aussi une réserve : ... *quoiqu'il ait un côté un peu déplaisant.* Donc, il y a aussi de l'opposition, du contre. On s'attend à ce que l'élève développe et démontre des arguments pour et des arguments contre.

SON DÉVELOPPEMENT

1er ASPECT (contre)

Affirmation :

D'abord, le côté moins reluisant est celui où les élèves se font imposer un uniforme.

Explication :

En effet, pour ces adolescents qui cherchent à s'affirmer par leur manière d'agir et de se vêtir, il est difficile de se plier au « caprice » de leur école.

Argument :

Il est même prouvé que le port de l'uniforme est en général très mal accueilli par les élèves qui se font « enlever » leur liberté d'expression. Mais là où les élèves se plaignent davantage, c'est lorsque la couleur de l'uniforme ne convient pas à leur personnalité. Le bleu peut très bien aller à une blonde aux yeux bleus, mais à une rousse aux yeux pers ?

Conclusion/opinion :

Le concept de l'uniforme doit donc être adapté de façon à ce qu'il plaise aux élèves. Mission impossible ? Je ne crois pas...

2e ASPECT (pour)

Affirmation :

Ensuite, l'uniforme permettrait, cependant, d'enrayer le phénomène des groupes de jeunes.

Explication :

La majorité de ces groupes de jeunes repose sur les vêtements que portent leurs membres.

Arguments/preuves :

Dernièrement, un bulletin de nouvelles mentionnait qu'à Montréal, dans les écoles, si un groupe de jeunes portent des vêtements « Adidas » aucun autre jeune de l'école ne peut en porter s'il n'est pas membre du groupe. C'est de la folie ! On y mentionnait également que le seul moyen de faire cesser cette folie est de forcer le retour des uniformes dans les écoles.

Conclusion :

De ce fait, les jeunes seront appelés à côtoyer des gens qu'ils n'auraient même pas osé regarder s'ils n'avaient pas été assez bien pour eux.

Opinion (implicite) :

L'uniforme contribuerait donc à rendre à l'école un cachet homogène qui favoriserait une meilleure entente entre les gens.

3ᵉ ASPECT (pour)

Affirmation :

Enfin, l'uniforme aurait comme effet de ramener tout le monde sur un même pied.

Explication :

Nous assisterions alors à l'abolition des classes sociales.

Argument/preuve :

Les spécialistes sont unanimes sur le fait qu'un élève mal vêtu à cause de la pauvreté se sent mal à l'aise dans un groupe de « riches » et, par conséquent, réussit moins bien sur le plan scolaire.

Dans les écoles pilotes, c'est-à-dire celles qui ont tenté l'expérience de l'uniforme, les gens sont tous d'accord pour dire que l'uniforme contribue à augmenter les moyennes scolaires.

Conclusion:

En effet, la seule vraie différence entre les gens se trouve abolie, ce qui donne pour résultat que les élèves sont plus aptes à se concentrer et qu'un meilleur climat d'entente règne parmi les élèves.

Opinion (implicite):

Pourquoi attendre plus longtemps avant de ramener l'uniforme?

Observations:

    — Ici, l'élève développe son plan par opposition (le pour et le contre) en trois aspects qui se lisent comme suit :

1er aspect: un argument contre

2e aspect: un argument pour

3e aspect: un argument pour

N.B. Si le plan par opposition comporte trois aspects, il faut au moins un argument contraire parmi les trois arguments développés.

SA CONCLUSION

Opinion/résumé:

En somme, les bons côtés de l'uniforme l'emportent, et de loin, sur ses mauvais côtés.

Ouverture:

Malgré tout, l'uniforme doit être ramené progressivement et non brusquement, si nous voulons que les élèves l'acceptent. Cependant, il faudrait revoir son concept pour le garder à la mode et, même, l'offrir en différentes couleurs de façon à ce qu'il plaise. S'il est vrai que «qui se ressemble s'assemble», essayez d'imaginer comment serait la vie dans une école où les élèves porteraient des uniformes...

3.6 TABLEAU SYNTHÈSE DES PLANS D'ARGUMENTATION

Plans d'argumentation	Aspect I	Aspect II	Aspect III	Aspect IV	Conclusion
1. Plan par accumulation d'arguments (affirmation de départ)	argument explication conclusion opinion	argument explication conclusion opinion	argument explication conclusion opinion		réaffirmation de départ (opinion)
2. Plan dialectique (thèse, antithèse, synthèse)	thèse	antithèse	synthèse		conclusion opinion
	thèse	antithèse	ou →	→	synthèse
3. Plan analytique (causes, conséquences, solutions)	causes	conséquences	solutions		conclusion opinion
	causes	conséquences	ou →	→	solutions
4. Plan syllogistique (affirmations, arguments, déductions)	affirmation hypothèse principe de départ	arguments preuves exemples	conséquence déduction de la conclusion		conséquence déduction
	affirmation hypothèse principe de départ	arguments preuves exemples	ou →	→	conclusion opinion
5. Plan par opposition (le pour et le contre)	pour	contre	position personnelle		conclusion opinion
	2 arguments	2 arguments	ou →	→	position personnelle

3.7 EXERCICES D'ÉCRITURE SUR LE DÉVELOPPEMEMT
(prévoir 60 minutes pour chacun)

À l'aide du plan de votre choix, rédigez un développement sur les sujets suivants :

1- *Que pensez-vous du fait que beaucoup de jeunes passent plus de trente heures par semaine devant le téléviseur ?*

2- *Croyez-vous que la publicité joue un rôle utile dans notre société ?*

3- *Les malades incurables qui réclament l'euthanasie devraient-ils y avoir droit ?*

4- *Un jeune de dix-sept ans a-t-il encore besoin de ses parents ?*

3.8 GRILLE D'OBSERVATION DU DÉVELOPPEMENT

Les aspects

— Votre plan d'argumentation est-il clair ?

— Chacun des aspects (ou chaque partie) du développement est-elle bien identifiée ?

— Peut-on retrouver, pour chacun des aspects, le schéma simple d'une argumentation, c'est-à-dire :

1- l'affirmation (proposition)
2- l'argument (preuve)
3- l'explication (démonstration)
4- la conclusion (opinion)

— Le développement (ou l'ensemble de vos aspects) tient-il compte des deux volets de la question posée ?

Les marqueurs

— Chacun de vos aspects est-il introduit par un marqueur de relation ?

— Chaque marqueur en début de phrase est-il suivi d'une virgule?

Les paragraphes

— Chaque aspect comporte-t-il au moins un paragraphe?

— Chaque paragraphe développe-t-il une idée complète?

— S'il y a plusieurs paragraphes dans un aspect, ces paragraphes sont-ils reliés entre eux par une phrase de transition ou un marqueur de relation?

Les arguments (preuve)

— Chacun de vos arguments est-il bien présenté, bien expliqué, bien analysé?

— Vos arguments (preuves) sont-ils au service de votre opinion?

— Est-ce que vous utilisez différents types d'arguments (faits, exemples, témoignages, références, comparaisons, etc.)?

L'opinion

— Votre opinion apparaît-elle clairement dans chacun de vos aspects?

— Votre opinion porte-t-elle sur les deux volets de la question?

ATTENTION !

La cohérence
Cohérence (du latin *cohaerere*, être attaché ensemble). Se dit de quelque chose dont tous les éléments se tiennent et s'harmonisent ou s'organisent logiquement, formant un tout, aux parties bien liées. Exemple: un raisonnement cohérent.

Incohérence
1. Absence de lien logique ou d'unité.
2. Absence de lien logique, désordre, confusion dans les actes, les idées, les propos (psycho.).

Incohérence dans le sujet amené
Il y a incohérence dans le sujet amené lorsqu'il y a absence de lien logique (direct et pertinent) entre la présentation du sujet (amorce, mise en situation, entrée en matière) et la question posée.

3.9 DÉVELOPPEMENTS À ÉVITER

A) Texte incohérent

Le texte incohérent est celui dont l'argumentation (la démonstration) est sans lien direct et pertinent avec le sujet ou les enjeux de la question posée.

Dans votre argumentation, il faut que vous démontriez ou expliquiez en quoi l'argument développé (dans chacun des aspects) établit un lien direct et pertinent avec l'objet et/ou l'intention (le thème et le sous-thème). Sinon, il y a incohérence.

Si dans votre argumentation vous mentionnez l'objet et/ou l'intention, mais que le lien direct et pertinent entre la démonstration et le sujet proposé n'est pas fait, votre démonstration ne répond pas aux enjeux de la question.

B) Texte informatif ou descriptif

C'est un texte qui, dans un ou plusieurs aspects, ne présente que de l'information sur le sujet ou les enjeux de la question, sans que le rapport entre ces renseignements et l'argumentation (la démonstration) ne soit fait, prouvé, démontré.

Exemples : les recettes, les modes d'emploi, les notices de montage d'appareils sont des textes informatifs,

Il n'y a pas d'argumentation dans de tels textes.

C) Texte explicatif

C'est un texte qui, dans un ou plusieurs aspects, ne fait qu'expliquer le sujet ou les enjeux de la question, sans que le rapport entre ces explications et l'argumentation (la démonstration) ne soit fait, prouvé, démontré.

Il faut que l'explication vienne appuyer, renforcer l'argument.

D) Texte narratif

C'est un texte qui, dans un ou plusieurs aspects, ne fait que narrer ou raconter un fait, un événement, une anecdote, sans que le rapport entre cette narration et l'argumentation (la démonstration) ne soit fait, prouvé, démontré.

E) Texte hors sujet

— Énoncé hors sujet

Le sujet posé ou rappelé ne respecte aucun des sujets proposés dans le cadre de l'examen.

— Opinion hors sujet

L'opinion exprimée ne se rapporte pas au sujet choisi ou à la question posée.

— Argumentation hors sujet

L'élève n'argumente pas sur la question posée.

N. B. Si dans un aspect l'étudiant ne traite ni du thème ni du sous-thème, l'argumentation est considérée comme étant vide de sens, par rapport au sujet choisi.

F) Méprise de sens

La méprise de sens est une erreur par rapport à la signification précise d'un ou de plusieurs termes dans un contexte ou un emploi donné.

1) Sur les termes de l'énoncé du sujet

— Réduction de sens (sujet réduit)

L'étudiant réduit le sens d'un mot ou d'un énoncé en ne tenant pas compte de l'ensemble du contexte donné par la question.

Par exemple, pour un sujet portant sur la robotique, l'étudiant qui ne traite que de l'ordinateur dans tout son texte restreint le sens de l'énoncé.

— Confusion de sens (sujet élargi)

L'étudiant élargit le sens d'un mot ou d'un énoncé en lui attribuant une signification si large ou si vague que, dans le contexte donné par la question, on ne peut en justifier l'emploi. (Sens indéterminé, abstrait, trop général ou trop lointain du contexte donné par la question.)

Par exemple, pour un sujet portant sur le travail à temps partiel, l'étudiant ne parle que de l'emploi en général sans aucune précision.

2) Sur le sens de l'énoncé du sujet (l'inversion du sujet)

Il y a inversion du sujet, lorsque l'étudiant pose la question en sens inverse. Il déplace l'ordre des mots ou le sens de la question.

Par exemple, le sujet donné à l'examen est: *Les pays industrialisés ont-ils besoin des pays pauvres pour se développer?* Or, le sujet posé par l'étudiant se lirait comme suit: *Je crois que les pays pauvres ont besoin des pays industrialisés.*

Dans cet exemple, les termes de l'énoncé du sujet sont présents mais le sens de la question est inversé. Comme le sujet est pris en sens inverse, il y a méprise de sens sur la question et ses enjeux, donc sur le sens de l'énoncé du sujet.

Pour de tels cas (inversion du sujet et méprise de sens) l'étudiant sera pénalisé au critère 1 (énoncé du sujet), car les termes de l'énoncé ne se situent pas dans le contexte donné par la question et ne correspondent pas au sujet donné. De plus, l'opinion de l'élève (critère 2) ne porte pas sur le vrai sujet donné et les véritables enjeux de la quesiton posée. De même, l'argumentation (critère 3) ne fait pas la démonstration sur le sujet réel et la véritable question posée.

3.10 LA CONCLUSION GÉNÉRALE (Prévoir environ 15 minutes)

Il s'agit ici de la conclusion générale de l'ensemble de votre texte (et non de la conclusion partielle d'un aspect).

marqueur	*Pour conclure, je dois admettre que, malgré les*
résumé	*avantages financiers et autres que procure un emploi*
rappel de l'opinion	*à temps plein, la poursuite des études au collégial est*
	un atout majeur pour un meilleur choix de carrière. On
ouverture	*peut facilement imaginer que, pour les diplômés uni-*
	versitaires, les ouvertures sur le marché du travail sont
	sûrement plus grandes.

3.10.1 Exercice d'écriture sur la conclusion

Notez que l'ouverture, en conclusion, est une idée générale, une vision élargie du sujet qui relance la question traitée vers une perspective nouvelle, un aspect nouveau et différent de ceux qui ont été développés dans votre texte.

Rédigez une conclusion pour chacun des quatre sujets suivants :

1- *Que pensez-vous du fait que beaucoup de jeunes passent plus de trente heures par semaine devant le téléviseur ?*

2- *Croyez-vous que la publicité joue un rôle utile dans notre société ?*

3- *Les malades incurables qui réclament l'euthanasie devraient-ils y avoir droit ?*

4- *Un jeune de dix-sept ans a-t-il encore besoin de ses parents ?*

3.10.2 Grille d'observation de la conclusion

A) Un paragraphe
La conclusion constitue-t-elle un paragraphe distinct, séparé du développement ?

B) Un marqueur
Est-ce qu'un marqueur de relation introduit la conclusion ?

C) Un résumé
Avez-vous fait un rappel ou un résumé de votre argumentation ?

D) Opinion
Avez-vous bien réaffirmé ou rappelé votre opinion ou votre position sur le sujet ?

E) Une ouverture
Avez-vous créé une ouverture du sujet par une autre question ou un autre point de vue ? (Vision élargie du sujet)

ATTENTION !

En revoyant les divers plans d'argumentation (*cf.* 3.5) et le tableau synthèse (*cf.* 3.6), vous avez pu constater que certaines synthèses au troisième aspect du développemenmt peuvent servir de conclusion générale à votre texte.

Si vous utilisez cette synthèse en conclusion, il vous faut y inclure un argument nouveau et y rappeler votre opinion.

Le rappel de votre position sur le sujet en conclusion est nécessaire, voire essentiel, pour que le lecteur constate que l'ensemble de votre texte (introduction, développement, conclusion) forme un tout et que votre opinion est constante du début jusqu'à la fin.

---

4. STRUCTURE ET ARTICULATION DU TEXTE D'OPINION

Critère 4 : L'élève fournit des indices pertinents qui révèlent la structure et l'articulation de son texte.

4.1 EXPLICATION DU CRITÈRE 4

Pour les *indices pertinents* à la structure et à l'articulation de votre texte, nous ne retiendrons que deux éléments : les paragraphes et les marqueurs de relation.

4.2 STRUCTURE GÉNÉRALE DU TEXTE

La structure générale concerne les grandes parties de votre texte. Déjà, la rédaction de votre plan général vous aura permis de fixer l'organisation globale de votre texte. Vous avez maintenant en main les grandes idées générales autour desquelles vous allez organiser votre texte d'opinion.

Cette structure générale vous permet de rédiger chacun des aspects de votre texte en développant l'idée générale retenue pour chaque partie. Nous vous avons déjà suggéré un schéma très simple pour la rédaction de chacune des parties de votre texte, chacun des aspects (voir l'article 3.2.5).

4.2.1 Schéma de la structure générale de votre texte

I Introduction :

1- sujet amené par une vision élargie du sujet ;

2- sujet posé ou rappelé par la reprise de la question posée ;

3- sujet divisé ou plan général qui annonce les grandes parties (ou aspects) de votre texte.

II Développement (l'argumentation):

Chacun des aspects de votre texte d'opinion devrait développer le schéma suivant:

1- L'affirmation (proposition): idée, opinion, point de vue, jugement de départ.

2- L'argument (preuve): faits, exemples, témoignages, références, etc.

3- L'explication (démonstration): analyse, commentaire, éclaircissement, justification, précision, discussion.

4- La conclusion (opinion): découle de ce qui précède, déduction, réaffirmation, consolidation de l'opinion.

III Conclusion:

1- résumé de l'argumentation,

2- rappel de votre opinion,

3- ouverture du sujet.

ATTENTION!

Pour bien marquer les grandes parties de la structure générale de votre texte, nous vous suggérons de passer deux lignes entre l'introduction et le développement (premier aspect) et deux autres lignes entre le dernier aspect et votre conclusion. Cette façon de procéder permettra de bien « visualiser » votre texte en dégageant l'introduction et la conclusion du développement.

4.3 QU'EST-CE QU'UN PARAGRAPHE?

Un paragraphe est une portion de texte, constituée de plusieurs phrases développant une idée et offrant une certaine unité de composition et de pensée.

4.4 QU'EST-CE QU'UN ALINÉA?

C'est le commencement en retrait de la première ligne (on laisse un blanc) au début d'un texte ou d'un paragraphe. C'est une séparation que l'on établit (avec le paragraphe précédent) en allant à la ligne suivante afin de former un autre paragraphe. L'alinéa marque donc le passage d'un groupe d'idée à un autre.

4.5 RÉDACTION DE PARAGRAPHES

RAPPEL!

À l'article 3.2 nous vous suggérons une méthode de rédaction d'un paragraphe ou d'un aspect. Cette méthode est simple et peut s'appliquer à chacun des aspects développé dans votre texte d'opinion.

Chacun de vos paragraphes constituant un aspect de votre développement peut suivre le schéma de rédaction : affirmation/argument/explication/conclusion.

Vos paragraphes peuvent se constituer d'un groupe d'idées secondaires réunies autour d'une idée principale pour former un aspect de votre développement.

Ainsi, vous pouvez présenter plusieurs faits, exemples, références (plusieurs arguments) pour prouver votre affirmation de départ.

116

4.5.1 Exemple (schéma ou plan détaillé) d'un aspect.

Affirmation de départ: *La récession ne favorise pas l'avenir des jeunes.*

Argument I: *fermeture d'usines, coupures d'emplois, baisse des salaires, travail au noir.*

Argument II: *le travail dans un super-marché ou un dépanneur, le salaire minimum.*

Explication: *les jeunes ont des besoins d'argent, d'autonomie et de loisirs.*

Conclusion (opinion): *Je crois que l'avenir des jeunes est limité par la récession et le chômage.*

4.5.2 Rédaction en plusieurs paragraphes

affirmation (idée de départ) argument I exemple 1 explication	*Deuxièmement, la récession ne favorise pas l'avenir des jeunes. En effet, tout le monde connaît ou vit les conséquences désastreuses de cette crise économique. Qu'il nous suffise de mentionner les nombreuses fermetures d'usines (surtout des petites et moyennes entreprises): ce qui engendre un taux élevé de chômage.*
exemple 2 explication exemple 3 explication	*De plus, certains dirigeants d'usines forcent les travailleurs à accepter une baisse de salaire, sinon c'est la fermeture. Toute ces conditions de travail favorise, notamment dans le domaine de la construction, le travail au noir. Pour ma part, je travaille dans un dépanneur et un supermarché. Le patron de l'épicerie me paie «sous la table» et je gagne à peine le salaire minimum dans un supermarché.*
argument II exemple 1 exemple 2	*Or, les parents connaissent bien les besoins des jeunes. D'abord, nous avons un grand besoin d'argent pour l'achat de disques, cassettes, etc. Nous avons, nous aussi, droit à certains loisirs: spectacles rock, cinéma, discothèque, etc. Enfin, nous avons un grand*

exemple 3	*besoin d'autonomie pour ne pas avoir toujours l'impression de vivre aux crochets de nos parents.*
explication	
conclusion	*Je crois donc que l'avenir des jeunes est limité par la récession et le chômage.*
(opinion)	

4.5.3 Observations et commentaires sur la rédaction d'un aspect en plusieurs paragraphes.

— Chacun des paragraphes de cet aspect est introduit par un marqueur de relation :

> *Deuxièmement,*
> *De plus,*
> *Or,*
> *Je crois donc*

— Chaque marqueur en début de phrase est suivi d'une virgule.

— L'idée de départ (la thèse qui sera démontrée et prouvée) est donnée au début du premier paragraphe dans une affirmation générale (c'est l'idée principale).

— Suivent une séries d'exemples qui constituent autant d'arguments qui viennent appuyer et prouver l'idée de départ. Ces exemples se regroupent autour de deux arguments majeurs :

— arguments I : la crise économique
arguments II : les besoins des jeunes

— Les arguments sont construits autour de faits, exemples (personnels ou autres), énoncés généraux, etc.

— Ces exemples ne sont pas seulement énumérés (comme dans une liste d'épicerie !), mais font l'objet d'une explication.

— Enfin, la conclusion reprend l'idée ou l'affirmation de départ et exprime clairement l'opinion de l'élève.

— Chacun des paragraphes commence en retrait de la ligne (on laisse un blanc), c'est ce que l'on appelle un alinéa. L'alinéa souligne le passage d'une idée (ou d'un groupe d'idée) à une autre.

— Il y a aussi des marqueurs de relation à l'intérieur des paragraphes qui relient les idées entre elles (comme les marqueurs de paragraphes font la liaison de l'un à l'autre).

4.6 EXERCICES D'ÉCRITURE SUR LA RÉDACTION DE PARAGRAPHES

Pour les exercices qui suivent, nous vous suggérons de suivre cette méthode simple d'écriture :

A) Affirmation de l'idée générale ou principale (l'idée ou la thèse que vous voulez défendre ou prouver)

B) L'argument ou la preuve qui vient appuyer, témoigner en faveur de l'affirmation de départ

C) L'explication ou la démonstration, c'est-à-dire montrer comment l'argument ou la preuve fait voir clairement et justifie l'affirmation ou la thèse que vous avez annoncée

D) Conclusion : retour sur l'idée de départ et expression de votre opinion personnelle.

N. B. Votre opinion personnelle peut se joindre à l'affirmation de départ. Par exemple, vous pouvez commencer votre paragraphe ainsi : *Deuxièmement,* **je crois que** *la récession ne favorise pas l'avenir des jeunes.*

4.6.1 Exercice d'écriture d'un paragraphe à partir d'un plan donné

Après la cinquième année du secondaire, doit-on poursuivre ses études ou se chercher un travail à plein temps?

Rédigez un paragraphe en vous servant des idées suivantes :

A) Affirmation/proposition
   les avantages à travailler;

B) Argument/preuve
   l'ouverture au marché du travail;
   la contribution à l'économie;

C) Explication/démonstration
   meilleurs choix de carrière;
   expérience personnelle;

D) Conclusion/opinion
   satisfaction personnelle (privilège, profit, bienfait, plaisir).

4.6.2 Exercice d'écriture à partir d'une idée principale

Trouvez des idées secondaires et rédigez un paragraphe sur :

a) le chômage;

b) les métiers offerts aux jeunes;

c) avoir des responsabilités;

d) l'argent ne fait pas le bonheur.

4.7 GRILLE D'OBSERVATION DES PARAGRAPHES

— Votre paragraphe est-il introduit par un marqueur de relation ou une phrase de transition?

— Votre marqueur en début de phrase est-il suivi d'une virgule?

- L'idée de départ du paragraphe est-elle bien énoncée ?
- Les arguments (faits, exemples, références, etc.) servent-ils de preuves pour appuyer votre opinion ?
- Vos arguments sont-ils bien expliqués ?
- Votre paragraphe est-il précédé d'un alinéa (en retrait de la ligne) ?
- Des marqueurs de relation, à l'intérieur du paragraphe, aident-ils à relier les idées entre elles ?

4.8 CONSEILS DE RÉDACTION SUR LA STRUCTURE GÉNÉRALE

A) Chacun de vos aspects peut être écrit en un seul paragraphe
- pourvu qu'il ne soit pas trop long ;
- pourvu qu'il développe le même groupe d'idées (ou la même idée)

B) Pour séparer un paragraphe trop long
- séparer ou couper le paragraphe après une idée complète ;
- changer de ligne (alinéa) ;
- utiliser un marqueur de relation pour rétablir le lien avec le paragraphe qui précède (*De plus,... En outre,... D'ailleurs,... Selon ce qui précède,...*).

C) L'introduction (sujet amené, sujet posé ou rappelé, opinion personnelle et sujet divisé) peut constituer un seul paragraphe.

D) La conclusion (résumé de l'argumentation, opinion personnelle, ouverture du sujet) peut également tenir en un seul paragraphe.

E) Les titres ou sous-titres des paragraphes ne peuvent pas remplacer les marqueurs de relation.

En résumé:

1- L'introduction et la conclusion doivent être séparées du développement (passer deux lignes).

2- Chacun des aspects doit être bien marqué (chaque partie de votre texte doit être mise en évidence).

3- Des marqueurs de relation et des phrases de transition sont nécessaires pour introduire chacun des aspects.

4- Dans chaque paragraphe, des liens sont faits entre les idées et les arguments.

4.9 LES MARQUEURS DE RELATION

Les grandes divisions de votre texte doivent être bien marquées. Chaque partie ou aspect de votre développement doit être mis en évidence par un marqueur.

4.9.1 Qu'est-ce qu'un marqueur de relation?

Un marqueur de relation est un mot-charnière ou de liaison qui marque un rapport (une relation) avec ce qui précède ou ce qui suit dans le texte.

4.9.2 Où placer des marqueurs de relation?

La fonction des marqueurs de relation étant d'établir des rapports, ils donnent la structure générale et l'articulation de votre texte d'opinion.

On les retrouve principalement dans le développement et la conclusion.

4.9.3 Marqueurs de la structure générale du texte d'opinion

A) Pour débuter votre argumentation (développement du 1er aspect):
Premièrement,... En premier lieu,... D'une part,... D'un côté,...

B) Pour continuer votre argumentation (développement du 2e aspect) :
Deuxièmement,... En second lieu,... D'autre part,... D'un autre côté,... Ensuite,...

C) Pour compléter votre argumentation (développement du 3e aspect) :
Troisièmement,... En troisième lieu,... Puis,... Par ailleurs,... Dans un autre ordre d'idées,...

D) Pour conclure votre texte (marqueurs de conclusion) :
Donc,... En conclusion,... Enfin,... En somme,... En fin de compte,... En définitive,...

4.9.4 Marqueurs de l'articulation du texte d'opinion

À l'intérieur des paragraphes, pour introduire vos arguments, des marqueurs sont souvent nécessaires.

A) Pour présenter une opposition, une restriction ou une réserve (voir l'opinion nuancée à l'article 2.8) :
Cependant,... En revanche,... À l'opposé,... Néanmoins,... Pourtant,... Toutefois,...

B) Pour établir des causes et des conséquences :
Car,... Puisque... Étant donné que... Par conséquent,... En conséquence,... Donc,... Ainsi,... C'est pourquoi...

C) Pour introduire une explication ou un ajout :
Par exemple,... En effet,... D'ailleurs,... Aussi,... De même que...

D) Pour marquer une affirmation ou exprimer une opinion :
À vrai dire,... Justement,... En réalité,... Certes,... Bien sûr,... Évidemment,... De toute évidence,... Sans doute,...

4.9.5 Conseils de rédaction sur l'articulation de votre texte d'opinion

Lorsque vous introduisez ou présentez un aspect, vous devez faire des phrases complètes :

Deuxièmement, abordons les problèmes que pose la récession.
(Et non pas : 2e la récession)

Attention à la répétition des mêmes marqueurs (*car, mais, et*, en début de phrases).

Pour varier, apprenez par cœur quelques nouveaux marqueurs.

Ne pas oublier la virgule après un marqueur en début de phrase.

5. LE VOCABULAIRE

Critère 5 : L'élève emploie des termes précis et variés

5.1 EXPLICATION DU CRITÈRE 5

S'exprimer avec exactitude et précision tout en évitant les répétitions, tel est l'objet de ce critère. Le souci de bien désigner une réalité donnée témoigne de la clarté de l'expression de la pensée. C'est pourquoi le dictionnaire permet de découvrir le sens précis d'un mot, des sens particuliers, des explications et des exemples.

5.2 UTILISATION DU DICTIONNAIRE

Le dictionnaire est l'outil indispensable à toute rédaction en français.

5.2.1 Comment chercher dans le dictionnaire ?

A) Tout dictionnaire est une liste de mots, disposés selon l'ordre alphabétique. Les mots d'entrée sont suivis de la transcription de leur prononciation en alphabet phonétique international :

Exemple : Travail, [travaj]
Faux, [fo]

B) Pour les noms et les adjectifs, en général, on trouve, immédiatement après le mot, la forme féminine et souvent celle du pluriel.

Exemple :

Épicier, **ière**
Faux, **fausse**

Travail, **aux**
Doux, **douce**

C) Suit l'indication de leur catégorie grammaticale (nom, adjectif, verbe, etc.).

Exemple:

Travail, **n. m.**
Faux, **adj. et n. m.**
Valser **v. intr.**

D) Pour les verbes, un nombre renvoie au tableau où l'on trouvera les formes conjuguées du verbe. Ces tableaux des conjugaisons se retrouvent au début ou à la fin du dictionnaire.

Valser, v. intr. **conjug. 1**

IMPORTANT !

Il est important de consulter les tableaux des conjugaisons pour bien accorder et bien écrire les petites irrégularités des verbes.

Bouger: nous bougeons (le *e* de bougeons)
Céder: il cède (accent grave)
Placer: nous plaçons (cédille sous le *c*)

E) Les mots ont souvent plusieurs sens. Ces sens sont classés soit selon leur date d'apparition dans la langue, soit selon la fréquence de leur usage. Des chiffres 1, 2, 3, 4, etc. ou des lettres indiquent ces classifications.

Exemple:

Travail **1.** Activité de l'homme appliquée à la production, à la création, à l'entretion de quelque chose. **2.** Effort que l'on doit soutenir pour faire quelque chose. **3.** Ouvrage réalisé ou qui est à faire.

5.2.2 Comment choisir le mot juste et précis?

A) Exemples

Les définitions des mots sont souvent complétées par des exemples qui précisent l'utilisation des mots. Ces exemples caractérisent des contextes précis et clarifient la justesse des mots.

Faux, fausse adj. 1. Contraire à ce qui est vrai ou juste, à l'exactitude, à la logique. **Addition fausse. Raisonnement faux**

B) Synonymes et contraires

Plusieurs dictionnaires (les plus récents) proposent, avec le mot d'entrée, d'autres mots qui se ressemblent par le sens (synonymes) ou qui diffèrent totalement (antonymes).

Craindre renvoie à **redouter** (synonyme) et à **braver** (antonyme). *Doux, douce* renvoient à des synonymes : **moelleux, clément, tempéré, léger, agréable, facile, bienveillant, fin, gentil,...** et à des antonymes : **rude, rugueux, agressif, brutal, dur, sévère,** etc.

C) Les niveaux de langue

Tous les mots ne sont pas indifféremment utilisés en toutes circonstances. Diverses abréviations signalent que tel mot est populaire (*pop.*), familier (*fam.*), vulgaire (*vulg.*) ou argotique (*arg.*):

Populaire :
y m'ont dit... pour **Ils m'ont dit...**
bon ben... pour **hé bien!**

Familier :
icitte pour **ici**
ça au lieu de **cela**

Vulgaire : jurons, sacres

Argotique (jargon):
récré pour **récréation**

Le texte d'opinion doit s'écrire dans un langage de niveau soutenu, différent de la langue parlée. Le dictionnaire offre tout un éventail de mots de remplacement (synonymes) pour le langage familier ou les expressions familières.

D) Des familles de mots

Au verbe *craindre*, le dictionnaire proposera **crainte**, mot de la même famille, sous lequel on trouvera **craintif, craintivement**.

À l'adjectif *doux, douce*, on trouvera d'autres mots de la même famille: **adoucir, douceâtre, doucement, douceur, radoucir**...

5.2.3 Comment corriger les imprécisions?

Il y a beaucoup de mots qui, lorsqu'ils ne réfèrent pas à quelque chose de précis, sont considérés comme des imprécisions de vocabulaire (*gens, cela, personne, chose, individu, monde, il y a...*).

Chaque fois que vous utilisez des mots imprécis, posez-vous ces deux questions:

— à quoi ou à qui réfèrent-ils?

— par quel mot plus précis pourrait-on les remplacer?

Exemples:

1- *Les gens (les personnes, les individus)* qui pensent de cette façon... *le monde* qui pense ainsi...

Substitution: **Les détracteurs, les opposants, les ennemis...**

2- Il pratique l'alpinisme. *Cela* l'aidera à...

Substitution: **Ce sport, cet exercice...** l'aidera à...

3- La recherche est une *chose* importante.

Substitution: La recherche est une **nécessité**, une **obligation**, un **devoir**, un **besoin**, une **aventure**, une **entreprise** importante...

4- *Il y a* des conséquences graves... *Il y a* des élèves qui travaillent...

Substitution: **Cette situation entraîne** de graves conséquences... **Des élèves** travaillent...

RAPPEL!

Pour corriger les imprécisions :

— remplacer une périphrase ou une proposition relative par le mot naturel, exact, précis;
— remplacer *ceci, cela* par l'adjectif démonstratif suivi d'un nom;
— remplacer le mot *chose* par le mot exact;
— remplacer le verbe *avoir, il y a*, par un verbe précis;
— utilisez votre dictionnaire!

ATTENTION!

1- La répétition d'un mot ou groupe de mots constitue une erreur relative à la variété du vocabulaire.

Il y a répétition :

— lorsque vous auriez pu facilement remplacer ce mot par une expression ou un mot différent (par un synonyme) ;
— lorsque la présence de ce mot est inutile.

2- Un réseau de répétitions se définit par la répétition d'un mot ou d'une expression.

Il y a un réseau de répétition lorsqu'un mot ou une expression se répète trois fois ou plus dans un paragraphe de longueur moyenne (10 lignes ou moins).

On corrige les répétitions par la substitution ou le remplacement des mots ou groupes de mots répétés :

> 1- en relisant le texte et en prononçant intérieurement les mots pour trouver les répétitions de mots ;
>
> 2- en cherchant des synonymes pour les mots qui se répètent ;
>
> 3- en consultant le dictionnaire pour trouver des synonymes aux mots répétés.

5.3 COMMENT CORRIGER LES ANGLICISMES ?

Anglicisme : mot, sens, locution ou tournure propre à la langue anglaise.

La plupart des dictionnaires indiquent si le mot, la locution ou tournure, est emprunté à la langue anglaise.

ATTENTION!

Même si le mot anglais existe dans le dictionnaire, vous devez choisir l'équivalent français.

Exemples :

— *Parking*, mot angl., (**stationnement**).

— *Cash*, mot angl., (**comptant**).

— *self-service*, mot angl., (**libre-service**).

Si vous ne trouvez pas le mot anglais dans le dictionnaire et que vous ne pouvez y substituer un équivalent en français, écrivez le mot entre guillemets.

5.4 COMMENT CORRIGER LES MOTS OU EXPRESSIONS DE LA LANGUE FAMILIÈRE OU POPULAIRE ?

Le langage courant est truffé d'expressions familières :

Tsé veux dire! C'est super! C'est buzzant! C'est l'enfer!

Dans un texte d'opinion on exige un langage plus soutenu.

— L'expression *c'est super!* peut être remplacé par **c'est extraordinaire, admirable...**

À RETENIR !

Même si le mot ou l'expression existe dans le dictionnaire, utilisez un équivalent plus soigné, plus soutenu, plus littéraire.

Si vous ne trouvez pas le mot ou l'expression dans le dictionnaire et que vous ne pouvez y substituer un équivalent plus littéraire ou soutenu, écrivez le mot ou l'expression entre guillemets.

5.5 REDONDANCES ET PLÉONASMES

Répétition inutile de plusieurs termes exprimant une idée déjà contenue dans un seul mot. Il s'agit donc d'une accumulation de mots exprimant la même chose.

Exemple :

Les mouvements féministes des femmes...

5.6 IMPROPRIÉTÉS SÉMANTIQUES

Pour corriger les impropriété sémantiques (confusions du sens des mots), vérifiez dans le dictionnaire tous les mots dont vous n'êtes pas certain du sens exact et précis.

5.7 MOTS DÉFORMÉS, INVENTÉS, BARBARISMES

Se souviendre au lieu de **se souvenir**; *confusionné* au lieu de **confus**; *recouvrir la vue* au lieu de **recouvrer** *la vue*.

Il est « barbare » de détourner un mot de son sens habituel. Lors de la correction, les mots déformés et les barbarismes sont pénalisés.

De plus, il importe de mettre les mots inventés (les néologismes) entre guillemets, il s'agit de mots qui n'existent pas.

Si vous voulez donner un sens nouveau à un mot déjà existant, vous devez aussi le mettre entre guillemets.

5.8 EXERCICES D'ÉCRITURE SUR LE VOCABULAIRE

A) Un vocabulaire précis

Dans les phrases suivantes, remplacez le mot *chose* par un terme plus précis.

1- L'ivresse au volant est une *chose* grave.
2- Ce livre est une *chose* facile à lire.
3- Le marteau est une *chose* indispensable au menuisier.
4- Les poupées ne sont plus des *choses* réservées aux filles.
5- Ce texte d'opinion comporte des *choses* contestables.
6- La guerre est quelque *chose* de terrible.
7- Je trouve dans vos paroles quelque *chose* d'ironique.
8- Ce malade endure des *choses* atroces.
9-Tondre la pelouse est une *chose* difficile.

B) Anglicismes

Trouvez un équivalent français aux mots ou aux expressions qui sont des anglicismes.

1- Il utilise une lotion *after-shave*.
2- Il fait partie du *casting*.
3- Cette étudiante est *cool*.
4- C'est un *dealer*.
5- Elle est morte d'une *overdose*.
6- À l'heure du midi, c'est le *rush*.
7- La *cédule* de la saison de hockey est intéressante.
8- Il fait du *workout*.
9- Il a *scoré* un but.
10- On a vu la reprise sur le *moniteur*.

A) Substitution du mot *chose*

1- L'ivresse au volant est un **crime (un délit)** grave.
2- Ce livre est un **ouvrage (une œuvre)** facile à lire.
3- Le marteau est un **outil (un instument)** indispensable au menuisier.
4- Les poupées ne sont plus des **jouets** réservés aux filles.
5- Ce texte d'opinion comporte des **arguments (des énoncés, des idées)** contestables.
6- La guerre est **un fléau (une castastrophe, une calamité)**.
7- Je trouve dans vos paroles **une pointe (un trait) d'ironie**.
8- Ce malade endure des **souffrances (des douleurs)** atroces.
9-Tondre la pelouse est un **travail (une corvée)** difficile.

B) Équivalents français

1- Il utilise une lotion **après-rasage**.
2- Il fait partie de **la distribution (d'une pièce, d'un film)**.
3- Cette étudiante est **décontractée**.
4- C'est un **revendeur de drogue**.

5- Elle est morte d'une **surdose**.

6- À l'heure du midi, c'est la **ruée (la cohue)**.

7- Le **calendrier (l'horaire)** de la saison de hockey est intéressant.

8- Il fait du **conditionnement physique (exercice, entraînement physique accompagné de musique)**.

9- Il a **marqué** un but.

10- On a vu la reprise sur **l'écran témoin**.

5.9 GRILLE D'OBSERVATION DU VOCABULAIRE

— Êtes-vous certain du sens précis, exact, des mots utilisés dans votre texte?

— Les mots utilisés expriment-ils clairement votre pensée?

— Les mots utilisés sont-ils employés dans leur sens premier, juste et correct, précis, dans l'usage normal de la langue?

— Les exemples donnés dans le dictionnaire pour l'emploi d'un mot correspondent-ils au contexte précis et juste dans lequel vous utilisez ce mot dans votre propre texte.

— Avez-vous remplacé les mots imprécis (comme *gens, cela, personne, chose, individu, monde, il y a*) par un terme plus juste et plus précis.

— Relisez votre texte pour trouver les répétitions.

— Avez-vous corrigé les répétitions par des synonymes?

— Avez-vous cherché un équivalent français à tous les anglicismes?

— Avez-vous corrigé les mots ou expressions de la langue familière ou populaire?

5.10 EXEMPLE DE CORRECTION DU VOCABULAIRE PAR LE MINISTÈRE

La poursuite des études est une chose importante. Les études sont nécessaires. La
poursuite des études est liée au succès dans
la vie. Les gens qui poursuivent leurs études
sont nécessairement plus outillés pour obtenir du succès dans la vie.

Les V- (V moins ou négatifs) au-dessus des mots indiquent une imprécision du vocabulaire.

Les mots encerclés indiquent des répétitions et constituent ainsi un réseau (variété du vocabulaire).

DEUXIÈME PARTIE

LA LANGUE

INTRODUCTION

Il est très important de porter une attention spéciale aux problèmes reliés à la syntaxe de la phrase, à la ponctuation et à l'orthographe d'usage et grammaticale.

Ce que nous vous proposons dans cette deuxième partie, c'est une démarche d'observation sur les éléments contenus dans le guide d'évaluation utilisé par les correcteurs de l'examen de fin d'études secondaires.

Marche à suivre

1. Lire et observer les exemples donnés dans les différents articles.

2. Repérer l'erreur et découvrir la correction exigée dans l'exemple.

3. Comprendre la correction en lisant les articles de la grammaire auxquels on se réfère.

Les références données se trouvent dans deux ouvrages :

GREVISSE, Maurice, *Précis de grammaire française*, Duculot, Éditions du renouveau pédagogique, Montréal, 1969.

ISSENHUTH, Jean-Pierre et Suzanne MARTIN, *Le Petit code, code syntaxique et orthographique,* HRW, Montréal, 1986.

Nous vous recommandons fortement de relire les règles de grammaire. Cette consultation est nécessaire puisqu'il s'agit ici d'éléments d'observation et non de grilles d'explication.

Cette partie ne constitue donc pas une grammaire. C'est un inventaire d'éléments grammaticaux sur lesquels les étudiants font généralement des erreurs. Si certaines notions ne vous sont pas familières consultez votre *Petit code* ou le *Précis de grammaire française* aux articles ou aux pages indiquées.

6. SYNTAXE ET PONCTUATION

Critère 6: L'élève construit des phrases correctes et place adéquatement les signes de ponctuation.

6.1 LA SYNTAXE DE LA PHRASE

C'est par phrases que nous pensons et que nous écrivons. Qu'elles soient simples ou complexes, elles doivent être bien construites. La syntaxe de la phrase représente un ensemble de règles qui concerne le rôle et les relations des mots entre eux.

A) La phrase simple contient une idée et est généralement composée d'un groupe nominal et d'un verbe.

Exemple: *Les élèves étudient.*

Ici, nous avons les deux groupes essentiels à la phrase simple: un groupe sujet (*les élèves*) et un groupe verbe (*étudient*).

À ces deux groupes essentiels, on peut ajouter un groupe complément.

Exemple: *Les élèves étudient **leurs leçons**.*

Ici, le verbe est suivi d'un complément d'objet direct. Il peut être précédé ou suivi d'un complément circonstanciel.

Exemple: ***Dans la classe,** les élèves étudient leurs leçons.*

B) La phrase complexe contient plus d'une idée et peut-être composée de plusieurs propositions.

Exemple: *Il pleuvait quand nous sommes sortis de l'école.*

Cette phrase comporte deux propositions: *Il pleuvait* (proposition principale) et *quand nous sommes sortis de l'école* (proposition subordonnée).

C) Une proposition est un ensemble de mots regroupés autour d'un verbe et formant une partie de phrase, sinon la phrase entière.

— Les propositions juxtaposées sont placées l'une à la suite de l'autre et sont séparées par un signe de ponctuation.

Tout est cher, tout devient inaccessible.

— Les propositions coordonnées sont unies entre elles par une conjonction de coordination (*mais, ou, et, donc, car, ni, or*).

*Tu dois étudier, **car** tu vas encore échouer.*

— Les propositions subordonnées sont liées à une proposition principale par une conjonction de subordination (de temps, de cause, de conséquence, etc.)

*Il voulait réussir son examen de français écrit, **puisqu'**il voulait entrer au cégep.*

6.1.1 Absence d'un mot essentiel dans la phrase

Il s'agit de l'absence d'un élément ou d'un groupe d'éléments qui nuisent au sens de la phrase et font qu'elle est incomplète (tous les mots nécessaires ne sont pas présents). *Cf. Précis*, Nos 39 à 41 ; *Petit code*, p. 104 à 110.

A) Absence du verbe

    – *Tout d'abord, (_ _ _) les avantages de la poursuite des études collégiales.*

    *Tout d'abord, **examinons** les avantages de la poursuite des études collégiales.*

    – *Deuxièmement, (_ _ _) l'avenir des diplômés universitaires.*

    *Deuxièmement, **parlons de** l'avenir des diplômés universitaires.*

Cette erreur (absence du verbe) est fréquente lors de l'introduction d'un aspect : on oublie de faire une phrase complète en annonçant l'idée développée dans cet aspect.

B) Absence de la proposition principale

> — *La poursuite des études étant maintenant prouvée comme gage de réussite.*
>
> *La poursuite des études étant maintenant prouvée comme gage de réussite, **tous les élèves ont avantage à étudier**.*

> — *Cette poursuite est essentielle. Parce que la diplomation importe à l'avenir des jeunes.*
>
> *Cette poursuite est essentielle, **parce que la diplomation importe à l'avenir des jeunes**.*

> — *Pour pouvoir mieux contrôler la pollution.*
>
> *Pour pouvoir mieux contrôler la pollution, **il faut que chacun fasse sa part**.*

Ces propositions subordonnées circonstancielles devraient être liées (unies) à une proposition principale pour que l'on comprenne la phrase.

C) Absence d'un autre élément

> — *De plus, je pense que la recherche est importante pour l'environnement, car notre santé et (_ _ _) bien-être sont en danger.*
>
> *De plus, je pense que la recherche est importante pour l'environnement, car notre santé et **notre** bien-être sont en danger.*

> — *Entre les deux (_ _ _) que je viens de mentionner, je peux dire que la poursuite des études est primordiale.*
>
> *Entre les deux **aspects** que je viens de mentionner, je peux dire que la poursuite des études est primordiale.*

6.1.2 Ordre des mots, construction de la phrase

Cf. Précis, Nᵒˢ 76 à 79; *Petit code, p. 4, 57, 80, 152.*

A) Ordre des mots

> – *Si nous ne pouvons plus avoir d'emploi, ces études serviront à quoi?*
> *Si nous ne pouvons plus avoir d'emploi, **à quoi** serviront ces études?*

> – *Quel avenir nous réservons à nos enfants?*
> *Quel avenir **réservons-nous** à nos enfants?*

B) Construction de la phrase

Il arrive parfois que la construction de la phrase change ou modifie le sens, car la combinaison des mots entre eux rend souvent la phrase incompréhensible ou vide de sens.

Pour corriger cette erreur et rendre la phrase signifiante, il suffit parfois de remplacer un mot par un autre mot de même nature, sans que le reste de la phrase n'en soit affecté: l'erreur relève alors de *l'impropriété sémantique*, c'est-à-dire du vocabulaire.

Mais s'il faut modifier plus d'un mot pour rendre la phrase acceptable, l'erreur relève de la syntaxe de la phrase.

> – *La personnalité demandée est un critère très important à considérer et qui demande beaucoup d'effort pour y arriver.*

Pour bien comprendre la pensée de son auteur, cette dernière phrase est à reconstruire. Elle pourrait se lire comme suit:

> ***On exige une forte personnalité pour devenir professeur et le métier d'enseignant exige aussi beaucoup d'efforts.***

C) Combinaison de mots incohérents

Vouloir tout dire en une phrase conduit parfois à l'incohérence.

> – *En résumé, la poursuite des études offre en grande partie la priorité au succès de l'avenir, mais il est aussi*

143

*prioritaire d'obtenir les autres, car ils sont majoritai-
rement dépendants l'un de l'autre et la clé du succès
est la relation de tous ces éléments.*

Il faudrait réécrire la phrase pour lui donner du sens!

**En résumé, la poursuite des études offre un gage de
succès dans l'avenir. Mais, il est aussi primordial d'obtenir des diplômes, car l'emploi et la scolarité sont
souvent dépendants l'un de l'autre. La clé du succès est
l'union de tous ces éléments.**

6.1.3 Omission de *ne* dans la négation, ou mauvais usage de la négation

Cf. Précis, N°s 420 à 427; *Petit code*, p. 10, 25, 26, 85.

- *Je sais pas.*
  *Je **ne** sais pas.*
- *J'ai que des erreurs.*
  Je n'ai *que des erreurs.*
- *On entend pas la musique.*
  *On **n'**entend pas la musique.*
- *Qui en a jamais vu?*
  *Qui **n'**en a jamais vu?*
- *Aucun exercice lui plaît.*
  *Aucun exercice **ne** lui plaît.*
- *Nul est prophète...*
  *Nul **n'**est prophète...*
- *Personne est venu.*
  *Personne **n'**est venu.*
- *S'il n'y a pas personne pour nourrir les populations,
  la planète est en danger.*
  *S'il **n'y a personne** pour nourrir les populations, la
  planète est en danger.*

- *On n'en a beaucoup.*

*On **en** a beaucoup.*

6.1.4 Emploi erroné de l'auxiliaire (avoir ou être) ou du semi-auxiliaire dans les temps composés

Cf. Précis, Nᵒˢ 299 à 303 ; *Petit code, p. 190 à 193.*

(Ex.: s'avait/s'était — sera/saura — seraient/sauraient)

- *Ils auraient resté à la maison...*
  *Ils **seraient** restés à la maison...*
- *Il ait totalement défendu...*
  *Il **est** totalement défendu...*
- *Je suis fier qu'on est inventé cette fusée.*
  *Je suis fier qu'on **ait** inventé cette fusée.*
- *Il s'avait trompé...*
  *Il **s'était** trompé...*
- *Je peux mentionner deux catastrophes qui ont survenu...*
  *Je peux mentionner deux catastrophes qui **sont surve-nues**...*

6.1.5 Emploi erroné d'un verbe transitif ou intransitif

Cf. Précis, Nᵒˢ 286, 302, 303, 313; *Petit code*, p. 193 et p. 196.

Les verbes transitifs sont ceux qui admettent un complément d'objet direct (transitifs directs) ou un complément d'objet indirect (transitifs indirects).

Le verbe transitif direct (abrév.: *v. t.* dans le dictionnaire) indique que l'action du sujet passe sur un objet sans l'intermédiaire d'une préposition. Exemple: *J'aime mes parents.*

Le verbe transitif indirect (abrév.: *v. t. ind.* dans le dictionnaire) indique que l'action du sujet passe sur un objet par l'intermédiaire d'une préposition (*à, de, sur,* etc.). Exemple: *Pierre parle **à** Paul.*

Les dictionnaires vous renseigneront sur les prépositions (*à, de, avec, pour,* etc.) qui accompagnent les verbes transitifs indirects.

Les verbes intransitifs (abrév.: *v. i.* dans le dictionnaire) expriment un état ou une action qui sont limités au sujet et ne passent sur aucun objet. Ces verbes n'ont donc pas de complément d'objet direct ou indirect. Exemple: *Elles dorment.*

6.1.6 Usage d'un mauvais mode ou d'un mauvais temps (concordance des temps)

Cf. Précis, Nos 293 à 295, 489 à 491 ; *Petit code,* p. 43 à 46 et 49 à 56.

Ceci inclut:

1- Les voix ou formes que prend le verbe selon que le sujet fait l'action (voix active), la subit (voix passive) ou y participe (voix pronominale).

2- Les modes ou formes verbales, qui indiquent la manière dont l'action est présentée par le verbe.

Les modes personnels: indicatif, conditionnel, subjonctif, impératif.

Les modes impersonnels: infinitif et participe.

3- Les temps sont les formes que prend le verbe selon qu'il s'agisse de situer l'action par rapport au moment présent ou de la situer dans le passé ou le futur.

Exemples:

– *S'ils n'existeraient pas...*
  *S'ils **n'existaient** pas...*

– *J'espère que vous soyez d'accord...*
  *J'espère que vous **serez** d'accord...*

– *Il faut qu'on est là pour réussir...*
  *Il faut qu'on **soit** là pour réussir...*

— Bien que j'ai l'air...
*Bien que j'**aie** l'air...*

6.1.7 Emploi erroné d'un pronom

Cf. Précis, Nos 226 à 281; *Petit code,* p. 123 à 133.

Le pronom est un mot qui, en général, remplace un nom, un adjectif, une expression, une proposition ou toute une phrase, exprimés avant ou après lui.

Ce que le pronom remplace s'appelle le référent du pronom, ou l'antécédent (dans le cas du pronom relatif).

ATTENTION!

Dans un texte d'opinion, le pronom personnel tu est trop familier. Remplacez le tu par les pronoms **on** ou **nous**.

*Comme tu le vois (Comme **on** le voit).*

Pronoms démonstratifs (*ceci, cela, celui-ci...*)

Pronoms indéfinis (*on, certains, tous...*)

Pronoms interrogatifs (*qui, que, lequel...*)

Pronoms personnels (*je, tu, il...*)

Pronoms possessifs (*le mien, le tien, le sien...*)

Pronoms relatifs (*que, qui, lequel, auquel, desquels...*)

A) Accord erroné avec le référent

- *Cette situation nous amène à s'interroger sur...*
  *Cette situation nous amène à **nous interroger** sur...*

- *Je ne suis pas contre la recherche, il a son importance...*
  *Je ne suis pas contre la recherche, **elle** a son importance...*

> – *Le système que je parle ici...*
> *Le système **dont** je parle ici...*
> – *Tout ce qui leur intéresse...*
> *Tout ce qui **les** intéresse...*

B) Emploi erroné du pronom relatif

> – *Ce qui «cloche», c'est la façon qu'il est lancé...*
> *Ce qui «cloche», c'est la façon **dont** il est lancé...*
> – *Le succès dépend des buts auxquels l'individu se fixe.*
> *Le succès dépend des buts **que** l'individu se fixe.*
> – *... dans notre société dont la compétition est forte.*
> *... dans notre société **où** la compétition est forte.*

C) Confusion entre *qui* et *qu'il*

> – *Une recherche qu'il l'avantage beaucoup...*
> *Une recherche **qui** l'avantage beaucoup...*
> – *Ceux qu'ils le méritent...*
> *Ceux **qui** le méritent...*
> – *Celui qu'il a le courage de...*
> *Celui **qui** a le courage de...*

6.1.8 Erreur quant au référent (genre, nombre, personne) dans l'accord du pronom ou de l'adjectif.

> – *Quand je pense à mon avenir ou à celle de mes enfants...*
> *Quand je pense à mon avenir ou à **celui** de mes enfants...*
> – *Ils sont capables si on lui donne une chance...*
> *Ils sont capables si on **leur** donne une chance...*
> – *Nous serons capables de s'en servir...*
> *Nous serons capables de **nous** en servir...*

6.1.9 Emploi erroné d'une préposition (ou locution prépositive)

Cf. Précis, Nᵒˢ 428 à 440; *Petit code*, p. 115, 196.

- *... prendre contact de la nouvelle technologie.*
  *...prendre contact **avec** la nouvelle technologie.*

6.1.10 Emploi erroné d'une conjonction (ou locution conjonctive)

Cf. Précis, Nᵒˢ 441 à 449; *Petit code*, p. 46, 48, 49, 55, 62.

Attention au mauvais marqueur à l'intérieur de la phrase: choix de la conjonction, pertinence du rapport qu'elle exprime.

- *Bien que je sois en faveur de la poursuite des études, mais je crois que nous devons...*
  *(Ici, le **mais** est inutile)*
- *Savez-vous si les professeurs se préoccupent de l'élève et s'ils en sont indifférents.*
  *Savez-vous si les professeurs se préoccupent de l'élève **ou** s'ils en sont indifférents.*

6.1.11 Emploi erroné d'un adverbe (ou locution adverbiale)

Cf. Précis, Nᵒˢ 409 à 427; *Petit code*, p. 24, 25.

Renforcement inutile:

- *aussi pire que...*
  pire que
- *plus mauvais*
  pire
- *plus bon*
  meilleur

6.1.12 Attention aux confusions! (Les homophones)

Quand, quant, qu'en

Quand est une conjonction de subordination signifiant «lorsque» ou un adverbe de temps.

Quand je me présenterai à l'examen, je serai prêt.

Quant (Quant à, quant au[x]) est une locution prépositive signifiant «pour ce qui est de».

Quant aux décrocheurs, je crois qu'ils font fausse route.

Qu'en est formé de *qu'* (conjonction) et de *en* (pronom signifiant «cela» ou préposition).

*Malgré ce **qu'en** disent mes parents, ma réussite est assurée.*

Parce que, par ce que

Parce que, conjonction, peut être remplacé par *car, puisque.*

*Je réussirai **parce que** j'ai bien étudié.*

Par ce que, locution pronominale, signifie «par la chose que».

*Je suis impressionné **par ce que** tu dis.*

Ce, c', se, s'

Ce, c', sont des pronoms démonstratifs équivalant à *cela*;

Ce n'est pas normal. C'est de l'entêtement.

Ce, précédant un nom est adjectif démonstratif.

Ce professeur est sévère.

Se, s', sont des pronoms personnels de la 3e personne.

*Il **s'**est blessé. Ses partisans **se** sont résignés.*

Quoique, quoi que

Quoique, conjonction de subordination, équivaut à *bien que, même si.*

Quoique intelligent, tu dois travailler fort.

Quoi que, locution pronominale, signifie «quelles que soient les choses que».

Quoi que *tu dises, il te faut faire un effort.*

Quelque, quelque(s)

Quelque est adverbe et peut être remplacé par *environ*.

Il habite à **quelque** *trois kilomètres de chez nous.*

Quelque(s) est un adjectif indéfini variable ; il peut être remplacé par un autre adjectif.

Il trouve toujours **quelques** *raisons de ne pas étudier.*

Quelque... que, quel(le,s) que

Quelque... que, locution conjonctive encadrant un adjectif, un adverbe ou un nom, est invariable.

Quelque *impatient* **que** *tu sois de réussir, il te faut étudier.*

Quel(le, s) que suivi du verbe être, s'écrit en deux mots : *quel* est alors un adjectif variable.

Quelle que *soit la leçon à apprendre, j'étudie.*

Davantage, d'avantage

Davantage (adverbe : plus) et *d'avantage* (nom).

Si vous prenez **davantage** (adverbe) *de temps pour étudier, vous en retirerez beaucoup* **d'avantage**s (nom).

6.1.13 Erreur de syntaxe due à l'influence de la langue parlée ou à l'influence d'une langue étrangère

- *Y comprennent rien.*
  Ils ne *comprennent rien.*
- *Ce n'est pas pareil que d'avoir...*
  Ce n'est pas **comme** *d'avoir...*
- *Une journée où qui n'a pas de soleil.*
  Une journée où **il n'y a pas** *de soleil.*

– Je trouve que c'est de même pour lui.
*Je trouve **qu'il en est ainsi** pour lui.*
– Ils ont un p'tit problème.
*Ils ont un **petit** problème.*
– Tu découvres ce que t'aimes.
*Tu découvres ce que **tu** aimes.*

6.1.14 Activité pratique sur la syntaxe

A) Identifiez et corrigez les erreurs de syntaxe dans le texte ci-dessous.

ATTENTION!

— À l'absence du verbe dans une phrase;
— à l'absence de la proposition principale dans une phrase;
— à l'omission de *ne* dans une négation;
— à l'emploi des prépositions;
— à la concordance des temps;
— au référant du pronom ou de l'adjectif.

En deuxième lieu, le succès dans nos études. Même s'il faut pas trop s'essouffler. On peut espérer que des emplois intéressants suivent nos efforts. Si les études ne serviraient pas à trouver un emploi, elles seraient inutiles. Dans l'avenir, avec des diplômes, nous est assurés de se réaliser pleinement.

B) Les erreurs de syntaxe ont été soulignées ci-dessous. Vérifiez et corrigez.

En deuxième lieu, (__) le succès dans nos études. Même s'il (__) faut pas trop s'essouffler. On peut espérer que des emplois intéressants <u>*suivent*</u> *nos efforts. Si les études ne* <u>*serviraient*</u> *pas à trouver un emploi, elles seraient inutiles. Dans l'avenir, avec des diplômes, nous* <u>*est*</u> *assurés de* <u>*se*</u> *réaliser pleinement.*

C) Texte corrigé

En deuxième lieu, **abordons** *(considérons, examinons, observons...) le succès dans nos études. Même s'il* **ne** *faut pas trop s'essouffler,* **on** *peut espérer que des emplois intéressants* **suivront** *nos efforts. Si les études ne* **servaient** *pas à trouver un emploi, elles seraient inutiles. Dans l'avenir, avec des diplômes, nous* **sommes** *assurés de* **nous** *réaliser pleinement.*

6.2 LA PONCTUATION

La ponctuation a pour fonction de rendre plus clairs les rapports qui existent entre chaque phrase (rendre le texte intelligible) et de mettre en valeur le sens de chaque phrase en la découpant en groupes de mots liés entre eux. Elle est, selon Grevisse, «un élément de clarté : elle permet de saisir l'ordre, la liaison, les rapports des idées».

Des règles particulières régissent l'utilisation de la ponctuation. Nous ne mentionnons ici que celles qui sont retenues dans la grille d'évaluation.

6.2.1 Le point

Cf. Précis, No 496 ; *Petit code*, p. 112.

A) Présence obligatoire à la fin d'une phrase

    — *La poursuite des études est nécessaire.*

B) Présence erronée

    — *L'implication de tous. Serait une solution aux problèmes de l'éducation.*

L'implication de tous serait une solution aux problèmes de l'environnement.

N.B. Il n'y a pas de point à la fin d'un titre.

6.2.2 Le point d'interrogation

Cf. Précis, N° 497; *Petit code*, p. 113.

A) Présence obligatoire après toute phrase qui exprime une question (interrogative directe).

– *Elle demanda : « Quand aura lieu la rentrée ? »*

B) Présence erronée après un mot qui n'est pas interrogatif ou une phrase interrogative indirecte.

– *Ils n'ont rien changé aux règlements. Quelle imprudence ?*
Ils n'ont rien changé aux règlements. Quelle imprudence !

– *Vous vous demandez pourquoi ?*
Vous vous demandez pourquoi.

6.2.3 Le point d'exclamation

Cf. Précis, N° 498; *Petit code*, p. 112.

Présence obligatoire après une phrase exclamative (qui exprime un sentiment vif, une émotion, la surprise ou l'étonnement, la joie, l'espoir, l'indignation...) ou après une interjection (mots invariables ou locutions qui traduisent une attitude affective).

– *Comme j'ai aimé lire ce texte !*
– *Bravo ! Les élèves ont réussi.*

ATTENTION !

La multiplication des points d'exclamation à la fin d'une phrase est pénalisée.

6.2.4 Les points de suspension

Cf. Précis, N° 502; *Petit code*, p. 114.

Les points de suspension servent à marquer une interruption, une hésitation, une incertitude, un doute (la pensée reste en suspens); ils invitent à poursuivre une réflexion, à rêver; ils créent un effet de surprise.

A) Présence obligatoire quand l'expression de la pensée est incomplète.

 — *C'est bon pour les premiers de classe, mais pour les autres...*

B) Présence erronée de points de suspension qui n'indiquent pas que l'expression de la pensée reste incomplète ou présence erronée au début d'une phrase.

 — *Je réponds ceci... Je ne perçois pas la nécessité de la poursuite des études.*
 Je réponds ceci : je ne perçois pas la nécessité de la poursuite des études.

 — *... Il y a des sceptiques.*
 Il y a des sceptiques.

6.2.5 Le point-virgule

Cf. Précis, N° 500; *Petit code*, p. 113.

Le point-virgule sert à séparer, dans une phrase, deux propositions indépendantes assez longues, mais logiquement liées par le sens.

A) Présence obligatoire

 — *La poursuite des études devrait nous sécuriser et rendre notre avenir plus certain; alors ces facteurs joueraient en notre faveur.*

B) Présence erronée entre deux parties d'une même phrase

   – *Le plus difficile ; ce sont les examens.*
   Le plus difficile, ce sont les examens.

6.2.6 Les deux points

Cf. Précis, Nº 501 ; *Petit code*, p. 61.

On ne met pas de majuscule au mot qui suit les deux points, sauf si le texte est une citation ou la reproduction intégrale d'un énoncé.

   – *Le professeur demanda : « Depuis quand fréquentez-vous l'école ? »*

A) Présence obligatoire des deux points pour annoncer une citation, une conséquence ou une explication, une énumération, une définition, une cause ou une conséquence.

   – *J'ai raté mon examen : ce fut la catastrophe.*

B) Présence erronée

   – *Tous autant que nous sommes : nous avons la même fierté.*
   Tous autant que nous sommes, nous avons la même fierté.

6.2.7 Les parenthèses

Cf. Précis, Nº 503 ; *Petit code,* p. 94.

Présence obligatoire quand il est nécessaire d'encadrer une explication, une précision.

   – *Les élèves de la CECQ (Québec) sont plus avancés.*

Tous les signes de ponctuation (virgule, point-virgule, deux points) suivent la parenthèse fermante.

   – *Je lui ai parlé (comme je l'avais promis) ; il n'a pas voulu me répondre.*

On ne met jamais de virgule, de point-virgule, de deux points devant la parenthèse ouvrante.

6.2.8 Les guillemets

Cf. Précis, N° 505; *Petit code*, p. 68.

Présence obligatoire pour indiquer une citation, mettre en relief, encadrer les mots argotiques, régionaux, familiers ou populaires, ainsi que les mots en langue étrangère.

- *Il a dit: «Je pense, donc je suis.»*
- *Le mot «prudence» est un mot clé pour l'avenir de l'humanité.*
- *C'est une réaction «niaiseuse».*
- *Il avait l'air «cool».*

6.3 SPÉCIAL VIRGULE!

Cf. Précis, N° 499; *Petit code*, p. 198 à 200.

L'emploi de la virgule est l'élément de ponctuation où l'on rencontre le plus grand nombre d'erreurs. Nous ne retenons ici que les cas signalés dans le guide d'évaluation. Il vous faudra être particulièrement attentif à ces cas, lors de la révision de votre texte.

6.3.1 Présence erronée

Vous ne serez pas pénalisé si vous n'employez pas la virgule devant *et, ou, ni.*

A) Pas de virgule entre le sujet et le verbe sans élément intercalé.

- *La poursuite des études, est nécessaire.*
La poursuite des études est nécessaire.

B) Pas de virgule entre le verbe et le complément ou l'attribut du sujet (sans élément intercalé).

> – *La poursuite des études aide, les pauvres et les riches.*
> *La poursuite des études aide les pauvres et les riches.*

C) Pas de virgule entre la principale et la subordonnée indispensable au sens de la phrase.

> – *Il vaut mieux conquérir l'espace, que de crever de faim et d'ennui ici-bas.*
> *Il vaut mieux conquérir l'espace que de crever de faim et d'ennui ici-bas.*

6.3.2 Présence obligatoire de la virgule avec les éléments juxtaposés, coordonnés ou apposés

A) Virgule obligatoire pour séparer les mots énumérés.

1- Séparer des sujets :

> – *Les devoirs, les leçons, les récitations font partie de l'apprentissage scolaire.*

2- Séparer des attributs :

> – *Cet étudiant est appliqué, consciencieux, travailleur.*

3- Séparer des qualificatifs :

> – *Un étudiant réservé, poli, sérieux attire l'attention.*

4- Séparer des compléments :

> – *L'étudiante responsable organise ses loisirs, ses congés, ses études, sa vie.*

5- Séparer plusieurs verbes qui ont un même sujet :

> – *Ces élèves parlent, bavardent, jasent.*

B) Virgule obligatoire pour séparer des propositions de même nature.

- *On se souvient des gens qui ont été indignes, qui ont manifesté de la lâcheté, qui ont déshonoré notre peuple.*
- *On saute, on danse, on se trémousse fort dans une discothèque.*

C) Virgule obligatoire pour séparer ou isoler des éléments apposés (un titre honorifique, mot ou groupe de mots qui précise un nom).

- *Tous les jeunes, garçons et filles, se préparent à l'examen de français écrit.*
- *Monsieur Grenier, notre directeur, est parti.*
- *En bon cosmonaute, il s'efforça de garder son sang-froid.*

D) Virgule obligatoire pour séparer des mots qui constituent des pléonasmes ou des redondances.

- *Moi, je veux que tu réussisses.*
- *Personnellement, je veux que tu réussisses.*
- *Je veux, moi, que tu réussisses.*

E) Virgule obligatoire devant *etc.*

- *Il a réussi en chimie, en français, en anglais, etc.*

F) Virgule obligatoire devant certaines conjonctions de coordination (sauf *et, ou, ni*), adverbes ou locutions adverbiales de liaison qui unissent deux propositions subordonnées de même fonction. *(Car, donc, or, mais, cependant, toutefois, pourtant, sinon, puis, ensuite, alors, c'est-à-dire, c'est pourquoi)*

- *La poursuite des études est nécessaire, car c'est l'avenir des jeunes.*

Exception : sauf si une virgule doit suivre la conjonction, l'adverbe ou la locution adverbiale de liaison.

- *Il y a moins de lancements mais, malgré tout, la science avance.*
- *« J'aime les fusées car, disait-il, elles embellissent le ciel. »*

6.3.3 Présence obligatoire avec les éléments intercalés ou inversés

A) Virgules obligatoires pour isoler ou séparer une proposition incise.

- *Il faudra, j'en conviens, étudier fort.*
- *« Il faudra, dit-il, vous appliquer. »*

B) Virgules obligatoires pour isoler ou séparer un mot mis en apostrophe (l'être ou la chose personnifiée à qui l'on s'adresse).

- *Je démontrerai, chers lecteurs, le bien-fondé de la poursuite des études.*

C) Virgule obligatoire pour isoler les marqueurs de relation au début des phrases.

- *En second lieu, les études avancées peuvent...*
- *En effet, nous croyons que la poursuite des études...*

D) Virgule obligatoire pour isoler la subordonnée circonstancielle en tête de phrase.

- *Si la poursuite des études se continue, il est inutile de s'en faire.*
- *Quand ils sont partis, nous étions tous soulagés.*

E) Virgules obligatoires pour isoler un élément intercalé.

- *L'étudiant, dans ce cas, doit tout prévoir.*
- *Je pense que, si l'étudiant s'épuise, il nuira à la poursuite de ses études.*

> **ATTENTION !**
>
> La présence de la virgule demeure facultative (n'est pas obligatoire) après *car, donc, mais, et, puis* en tête de phrase.

6.3.4 Activité pratique sur la ponctuation

A) Trouvez les erreurs de ponctuation contenues dans le texte ci-dessous.

D'abord le prix astronomique qu'il faut payer pour, poursuivre des études avancées, est injustifiable à première vue En effet les chiffres le prouvent, en 1993, des étudiants ont consacré cinq mille dollars pour faire leur doctorat. Le Canada est un des pays, impliqué dans la recherche universitaire. Moi je pense cependant que, chacun, doit faire sa part. Les conflits entre les universités, et l'argent ne devraient pas nous arrêter car nous risquerions de compromettre, notre avenir ?

> **ATTENTION !**
>
> — À la présence obligatoire du point à la fin d'une phrase ;
> — aux virgules fautives entre le sujet et le verbe sans élément intercalé ;
> — aux deux points obligatoires avant une explication ;
> — à la virgule obligatoire après un marqueur de relation en début de phrase ;
> — à la virgule obligatoire pour séparer des mots constituant des pléonasmes ;
> — à la présence fautive d'un point d'interrogation.

B) Les erreurs de ponctuation ont été soulignées ci-dessous.

Vérifiez et corrigez.

D'abord (_)le prix astronomique qu'il faut payer pour, poursuivre des études avancées, est injustifiable à première vue(_) En effet(_) les chiffres le prouvent, en 1993, des étudiants ont consacré cinq mille dollars pour faire leur doctorat. Le Canada est un des pays, impliqué dans la recherche universitaire. Moi(_) je pense cependant que, chacun, doit faire sa part. Les conflits entre les universités, et l'argent ne devraient pas nous arrêter(_) car nous risquerions de compromettre, notre avenir?

C) Texte corrigé

D'abord, le prix astronomique qu'il faut payer pour poursuivre des études avancées est injustifiable à première vue. En effet, les chiffres le prouvent: en 1993, des étudiants ont consacré cinq mille dollars pour faire leur doctorat. Le Canada est un des pays impliqué dans la recherche universitaire. Moi, je pense cependant que chacun doit faire sa part. Les conflits entre les universités et l'argent ne devraient pas nous arrêter, car nous risquerions de compromettre notre avenir.

7. ORTHOGRAPHE D'USAGE ET GRAMMATICALE

Critère 7: L'étudiant observe l'orthographe d'usage et grammaticale.

La manière particulière d'écrire un mot, en conformité avec l'usage et selon l'ensemble des règles à suivre pour écrire correctement, constitue la base de ce critère.

7.1 L'ORTHOGRAPHE D'USAGE

L'ouvrage de référence par excellence qui va vous permettre de vérifier l'orthographe d'usage d'un mot, c'est-à-dire la graphie, est votre dictionnaire.

Lors de la révision de votre texte, n'hésitez pas à vérifier tous les mots sur lesquels vous avez le plus petit doute. Le dictionnaire ne doute pas, lui !

ATTENTION!
Le correcteur n'a pas à mesurer le degré d'inclinaison de l'accent aigu et de l'accent grave ou le champignon de l'accent circonflexe !
Alors, il faut que vos accents soient bien placés, bien inclinés et visibles au-dessus de la lettre qui doit porter l'accent.

7.1.1 Absence ou substitution d'accents

A) L'accent aigu (é) se met, en général, sur le *e* fermé non suivi d'un *d*, d'un *f* ou d'un *z* finals.

  – *vérités, coupés.* (Sans accent aigu: *pied, clef, nez.*)

163

B) L'accent grave (è) se met:

   1- sur le *e* ouvert à la fin d'une syllabe ou devant un *s* final,

    – *père, procès.*

   2- sur *a* dans *déjà, voilà* (mais non dans *cela*);

   3- sur *a, u, e*, dans certains mots qui peuvent, par ce moyen, être distingués d'autres mots (homonymes),

    – *à/a, là/la, çà/ça, où/ou, dès/des.*

C) L'accent circonflexe (ê) se met sur *a, e, i, o, u*, et indique:

   1- soit la chute d'une consonne

    – *tête, hôpital*

   2- soit la prononciation longue de certaines voyelles,

    – *cône, infâme, extrême.*

ATTENTION!

Parfois l'accent circonflexe sert à distinguer des homonymes:

   1- *dû* (part. passé de devoir) — *du* (l'article)
   2- *mûr* (adjectif) — *mur* (nom)

Il importe donc de vérifier l'orthographe ou la graphie des mots dans le dictionnaire (c'est la seule façon de ne pas faire d'erreurs).

7.1.2 Absence ou substitution d'une lettre à l'intérieur ou à la fin d'un mot

L'oubli d'une lettre à l'intérieur ou à la fin d'un mot.

   – *La veillesse*
   *La **vieillesse***

– *Faire parti d'un groupe*
*Faire **partie** d'un groupe*

7.1.3 Lettre ajoutée à l'intérieur ou à la fin d'un mot

– *Meirveilleux*
Merveilleux
– *C'est pourquois*
*C'est **pourquoi***
– *Parmis*
Parmi

7.1.4 Lettre doublée inutilement

– *Le balladeur*
*Le **baladeur***
– *Système déffaillant*
*Système **défaillant***

7.1.5 Les traits d'union dans les mots composés

Cf. Précis, N°s 122 à 128; *Petit code*, p. 182-183.

A) Présence obligatoire

Le trait d'union (-) sert à lier plusieurs mots.

– *arc-en-ciel, par-dessus, demi-cercle, la main-d'œuvre, à tue-tête, c'est-à-dire...*

B) Présence erronée

– *tout-à-fait*
tout à fait
– *tout-de-suite*
tout de suite

> **ATTENTION!**
>
> Plusieurs emplois du trait d'union relèvent d'une règle grammaticale.
> — *Permettez-moi...*

7.1.6 Les homonymes lexicaux

Les homonymes lexicaux sont des mots de prononciation identique, mais de graphie et de sens différents.

(***Cf.*** La syntaxe 6. ; les exemples en 6.1.12)

- *tant, temps*
- *d'avantage, davantage*
- *guerre, guère*
- *quant, quand, qu'en*
- *court, cours*
- *compte, conte*
- *a trait, attrait*

7.1.7 L'orthographe des expressions toutes faites

Le dictionnaire donne généralement l'orthographe exacte de ces expressions.

- *Entre autre*
  *Entre **autres***
- *Sans aucuns doutes*
  *Sans **aucun doute***
- *Ils ont tendances*
  *Ils ont **tendance***

7.1.8 Les abréviations et les unités de mesure

A) *etc.* est toujours précédé d'une virgule et suivi d'un point abréviatif.

B) *M.* pour *Monsieur*, *MM.* pour *Messieurs* mais *Mlle* pour *Mademoiselle.*

C) *12 km* (kilomètres); *12 min* (minutes); *12 kg* (kilogrammes).

Consultez le dictionnaire!

7.1.9 Les sigles

L'écriture ou l'orthographe des sigles est souvent variée, par exemple, la grille d'évaluation accepte: un *cégep*, des *cégeps*, *C.E.G.E.P.*, *CEGEP.*

Vous écrirez, sans faute:

- O.N.U. (Organisation des Nations-Unies)
- M.E.Q. (ministère de l'Éducation du Québec)
- M.E.S.S. (ministère de l'Enseignement supérieur et de la Science)
- S.T.C.U.M. (Société des Transports de la Communauté urbaine de Montréal)
- C.T.C.U.Q. (Commission des Transports de la Communauté urbaine de Québec)

7.1.10 La présence d'un signe mathématique et les chiffres de un à neuf inclusivement

A) Les chiffres de un à neuf s'écrivent en lettres.

B) Les signes + ou - s'écrivent en lettres (plus ou moins).

C) Le signe ou symbole % est accepté dans les statistiques.

- *70% des étudiantes acceptent de venir.* (Verbe au pluriel)

Mais, on écrira:

> – *Le pourcentage des jeunes qui ont eu des expériences semblables...* (Et non *le % des jeunes...*)

7.1.11 Nombres et chiffres

Cf. Petit code, p. 11 à 13.

A) Les dates:

> – *Le 1er juillet est un jour férié.*
> – *Notre réunion du 8 juillet...*

B) Les sommes d'argent:

> – *5$*
> – *9,75$*
> – *Un billet de 5 dollars*

C) L'heure:

> – *04:15:05 (quatre heures, quinze minutes et cinq secondes)*
> – *Le début des cours est fixé à 8:30.*
> – *4h15* (pas de point après *h*)

7.1.12 Activité pratique sur l'orthographe d'usage

A) Identifiez et corrigez les mots mal orthographiés dans le texte ci-dessous.

L'aire de la spéciallisation électronnique est vraiement une periode fassinente pour les jeunes. Je suis heureux de vivre au XXe siecle pour voire, entre autre, tous les progres de la sience et de la rechêrche. Nous en proffitons plinnemant avec tous les jeux video qui nous permetent, en verite, un aprentissage plus agreable et tout-à-fait inatendu de la science en générale.

B) Les fautes d'orthographe d'usage ont été soulignées ci-dessous.

Vérifiez et corrigez.

L'aire de la spéciallisation électronnique est vraiement une periode fassinente pour les jeunes. Je suis heureux de vivre au XXe siecle pour voire, entre autre, tous les progres de la sience et de la rechêrche. Nous en proffitons plinnemant avec tous les jeux video qui nous permetent, en verite, un aprentissage plus agreable et tout-à-fait inatendu de la science en générale.

C) Texte corrigé

*L'**ère** de la **spécialisation électronique** est **vraiment** une **période fascinante** pour les jeunes. Je suis heureux de vivre au XXe **siècle** pour **voir**, entre **autres**, tous les **progrès** de la **science** et de la **recherche**. Nous en **profitons pleinement** avec tous les jeux **vidéo** qui nous **permettent**, en **vérité**, un **apprentissage** plus **agréable** et **tout à fait inattendu** de la science en **général**.*

7.2 ÉLÉMENTS GRAMMATICAUX DANS LA PHRASE

On distingue souvent les espèces de mots en mots variables (verbes, noms, adjectifs, pronoms, articles) et en mots invariables (adverbes, conjonctions, prépositions, interjections).

Mots variables : mots dont la forme varie selon la fonction, le genre le nombre.

Mots invariables : mots qui ne subissent aucune modification dans leur terminaison, donc ne changent jamais d'orthographe.

7.2.1 Mots variables

1- Le nom (ou substantif), mot variable et constituant un des deux éléments de base de la phrase (l'autre étant le verbe).

Sens et fonction dans la phrase: le nom, souvent accompagné d'un déterminant, indique une substance (être, chose, notion ou idée) et peut servir de sujet, de complément d'objet direct ou indirect, d'attribut, etc.

(être) *L'enfant joue.*

(chose)*La **table** est grande.*

(notion ou idée) *Le **bien** est une vertu.*

2- Le déterminant, mot variable selon le nom auquel il se rapporte (article, adjectif possessif, démonstratif, interrogatif, exclamatif, indéfini, numéral).

— L'article donne une détermination plus ou moins précise au nom.
La porte de la maison.

— L'adjectif possessif indique qu'un être ou un objet appartient à quelqu'un ou à quelque chose.
*Il a réussi **son** examen.*

— L'adjectif démonstratif sert à montrer un être ou un objet.
Cette montre retarde.

— L'adjectif interrogatif indique la qualité d'un être ou d'une chose sur lesquels porte la question.
Quelle saison préférez-vous?

— L'adjectif exclamatif exprime l'admiration, la surprise, l'indignation portant sur un nom.
Quel beau livre!

— L'adjectif indéfini accompagne un nom pour indiquer une idée vague de quantité.
*Il y a **plusieurs** façons de passer un examen.*

— L'adjectif numéral désigne le nombre et le rang des êtres ou des choses qu'il détermine.
*Attends **deux** minutes.*

3- Le verbe varie en personne, en nombre, en temps, en mode et en voix et il constitue un des éléments de base de la phrase (l'autre étant le nom).

ATTENTION!

— Au participe, le verbe peut avoir les fonctions de l'adjectif. *Les examens* **terminés**, je pars.
— À l'infinitif, le verbe peut avoir les fonctions du nom. **Mourir** *n'est rien.*

Sens et fonction dans la phrase : le verbe indique une action réalisée ou un état subi par le sujet de la phrase.
Les enfants **jouent**. *La terre* **est ronde**.

4- L'adjectif qualificatif, mot variable selon le nom avec lequel il est relié.

Sens et fonction dans la phrase : indique une qualité de l'être ou de l'objet désigné par le nom ou le pronom qu'il qualifie.
La mer est **grande**. *Elle est* **verte**, *ce matin.*

5- Le pronom, mot variable qui remplace généralement un nom et quelquefois une expression et même toute une phrase.

— Les pronoms personnels désignent les personnes qui parlent, à qui l'on parle ou celles dont on parle : *je, me, moi, tu, te, toi, il, elle, lui, se, soi, nous, vous, ils, elles, eux, leur...*
Il écoute le concert à la radio.

— Les pronoms possessifs représentent un nom et ajoutent une idée de possession : *le mien, le tien, le sien, le nôtre, le vôtre, le leur,* ainsi que leur féminin (*la mienne...*) et leur pluriel

(les miens...).
*C'est mon cahier, ce n'est pas **le tien.***

— Les pronoms démonstratifs désignent un être ou une personne en les montrant : *ce, c', celui, celle, ceux, ceci, cela, celui-ci, celui-là* (ainsi que leur féminin et leur pluriel).
*Il regardait **celui** qui parlait.*

— Les pronoms relatifs remplacent un nom ou un pronom personnel exprimé dans la proposition qui précède en établissant une relation entre les deux propositions : *qui, que, quoi, dont, où, lequel, duquel, auquel,* (ainsi que leur féminin et leur pluriel).
*Les fraises **que** tu as cueillies sont vertes.*

— Les pronoms interrogatifs désignent la personne ou la chose sur laquelle porte l'interrogation : *qui, que, quoi, lequel* (ainsi que le féminin et le pluriel).
*De **quoi** parlez-vous ?*

— Les pronoms indéfinis désignent une personne, une chose ou une idée d'une manière vague et indéterminée : *aucun, pas un, personne, les autres, certains, plusieurs, quelques-uns, n'importe qui, la plupart, etc.*
***Quelques-uns** ont réussi.*

7.2.2 Mots invariables

1- L'adverbe, mot invariable qui accompagne un verbe, un adjectif ou un autre adverbe pour en modifier ou en préciser le sens.

Sens et fonction dans la phrase : On distingue les adverbes de manière (*comme, ensemble, exprès, mal, mieux, etc.*), de lieu (*ici, là, loin, partout, devant, dessus, dedans, etc.*), de temps (*aujourd'hui, demain, maintenant, longtemps, tôt, tard, jamais, etc.*), de quantité (*assez, beaucoup, tellement, un peu, moins, tant, etc.*).

*Il avance **lentement**.*
*Ce **très** beau cadeau m'a fait plaisir.*
*Il court **très** vite.*

2- La préposition, mot invariable qui sert de liaison aux compléments d'un nom, d'un verbe, d'un adjectif, d'un adverbe, d'un pronom, en établissant un rapport entre les deux.

*Le livre **de** ma fille.*
*Il lit **pour** mieux écrire.*

3- La conjonction, mot invariable qui sert à réunir deux mots, deux groupes de mots ou deux propositions.

a) La conjonction de coordination unit des mots, des groupes de mots, des propositions ou phrases de même fonction et, généralement, de même nature.

*Jacques **et** Paul sont mes amis.*
*L'étude de ce livre **ou** une bonne pratique de la langue sera un gage de succès.*
*Il n'est pas venu, **car** son train était en retard.*
*J'ai étudié. **Or**, je n'ai pas réussi. **Donc**, je dois relire ce livre attentivement.*

b) La conjonction de subordination relie une proposition subordonnée à la proposition dont elle dépend.

*Relisez votre texte **quand** vous en aurez fini la rédaction.*

4- L'interjection, mot invariable isolé, forme une phrase à elle seule, sans relation avec les autres propositions.

***Hourra!** J'ai réussi.*

7.3 LES FONCTIONS GRAMMATICALES

Les fonctions grammaticales sont des relations existant à l'intérieur d'une proposition ou d'une phrase, entre un mot ou un groupe de mots et le reste de la proposition ou de la phrase et, en particulier, entre un mot quelconque et le verbe.

7.3.1 Le sujet (nom, pronom, infinitif)

Le sujet désigne la personne ou l'objet qui fait l'action ou qui est dans l'état qu'indique le verbe.

*Les **arbres** perdent leurs feuilles.*
***Elle** a bien étudié.*
***Étudier** demande un effort.*

Le sujet du verbe est le mot ou groupe de mots qui répond à la question *qui est-ce qui?* ou *qu'est-ce qui?* posée devant le verbe.

7.3.2 L'attribut du sujet ou du complément (nom, adjectif, pronom, infinitif)

L'attribut du sujet indique la qualité reconnue au sujet ou à l'objet par l'intermédiaire du verbe être.

*Il est élu **député**.*
*Il est **malheureux**.*
*Il était **celui** que je cherchais.*

L'adjectif qualificatif attribut s'accorde en genre et en nombre avec le mot ou les mots dont il est attribut, c'est-à-dire qu'il complète.

*Ces livres sont **utiles**.*

7.3.3 Le complément d'objet direct ou indirect (nom, pronom, infinitif)

A) Le complément d'objet direct ou indirect indique la personne ou la chose sur laquelle se fait l'action exprimée par le verbe.
a) Le complément d'objet direct est rattaché au verbe directement, sans préposition. On le trouve en posant la question *qui? quoi?* après le verbe.

*Elle aime **un ami**.*
*Elle **les** voit souvent.*
*Elle déteste **travailler**.*

B) Le complément d'objet indirect est rattaché au verbe indirecte-
ment, c'est-à-dire par l'intermédiaire d'une préposition. On le
trouve en posant, après le verbe, les question: *à qui? à quoi?
de qui? de quoi? avec qui? avec quoi?*.

*Elle parle à sa **mère**.*
*Elle **lui** a échappé.*
*Elle a renoncé à **poursuivre**.*

7.3.4 L'épithète (adjectif)

L'épithète indique la qualité d'un mot (ou d'un pronom) après
lequel elle est ordinairement placée, sans être séparée de lui par
une pause (virgule).

*L'appartement avait une cuisine **sombre**.*

7.3.5 L'apposition (nom, adjectif)

L'apposition indique la qualité d'un substantif (nom), avec
lequel elle forme un groupe nominal et ainsi complète le nom ou
le pronom. L'apposition est encadrée de virgules.

*Michel Tremblay, **l'auteur à succès**, a encore écrit un roman.*
*Lui, **le plus jeune**, est aussi studieux.*

7.3.6 L'apostrophe (nom)

L'apostrophe désigne la personne que l'on interpelle. Un mot
mis en apostrophe est isolé du reste de la phrase et il est précédé
ou suivi d'une virgule.

***Jacques**, viens faire tes devoirs.*
*Allo, **toi**!*

7.3.7 Le complément du nom (nom, pronom, infinitif)

Le complément du nom, normalement introduit par une préposition, joue après celui-ci le rôle de déterminant.

*Les doigts de la **main**.*
*La crainte de **mourir**.*

7.3.8 Le complément d'agent (nom, pronom)

Le complément d'agent exprime, après un verbe passif, par qui l'action est faite.

*Il fut frappé par un **automobiliste**.*
*Il fut aimé de **tous**.*

7.3.9 Le complément circonstanciel (nom, pronom, infinitif)

Le complément circonstanciel indique dans quelle circonstance s'accomplit l'action marquée par le verbe (lieu, temps, manière, cause, but, conséquences...).

*Entrez en **classe*** (lieu).
*Il est arrivé à **cinq heures*** (temps).
*Il travaille avec **ardeur*** (manière).
*Il est mort d'un **cancer*** (cause).
*Il travaille pour **réussir*** (but).
*Il travaille si bien **qu'on le félicite*** (conséquence).

7.3.10 Les déterminants

Les déterminants précisent le nom qu'ils accompagnent (article, adjectif possessif, démonstratif, etc.). Donc, ils ont une fonction de détermination.

Le professeur. Sa voiture. Ce chien.

7.3.11 Fonction de relation (conjonction, préposition)

Les conjonctions établissent un rapport entre des mots ou des propositions de même fonction (conjonctions de coordination), ou relient une proposition à une autre (conjonctions de subordination). Les prépositions établissent un rapport de dépendance entre deux mots.

7.3.12 Fonction de modification (adverbe)

L'adverbe modifie le sens d'un adjectif, d'un verbe, d'un adverbe ou d'un nom.

*Il est **fort** discret. Il étudie **bien**. Il répond **très** poliment. **La plupart** des élèves vont réussir.*

7.4 L'ORTHOGRAPHE GRAMMATICALE

On ne peut résumer ici tous les cas de grammaire. Qu'il nous suffise, encore une fois, de retenir ceux qui sont signalés dans le guide d'évaluation du MEQ.

7.4.1 L'accord du nom (groupe de mots) en genre et en nombre

Cf. Précis Nos 85 à 133 ; *Petit code*, p. 85 à 93.

- *Sur le plan scolaire, personnel et social...*
  *Sur **les plans** scolaire, personnel et social...*
- *Des années de bonheurs assurés...*
  *Des années de **bonheur assuré**...*
- *Aucuns alchimistes ou scientifiques n'ont pu...*
  ***Aucun alchimiste** ou **scientifique** n'a pu...*
- *... porterait peu d'intérêt à toutes autres choses.*
  *... porterait peu d'intérêt à **toute autre chose**.*

7.4.2 L'accord de l'adjectif qualificatif et de l'attribut

Cf. Précis, Nᵒˢ 177, 186, 188, 213 ; *Petit code*, p. 14 à 23.

- *Rencontrer de nouveaux gens...*
  *Rencontrer de **nouvelles** gens...*
- *Une période de la vie des plus importante...*
  *Une période de la vie des plus **importantes**...*
- *Si l'utilisation du baladeur devient trop excessif...*
  *Si l'utilisation du baladeur devient trop **excessive**...*
- *Des souvenirs qui resteront gravé...*
  *Des souvenirs qui resteront **gravés**...*
- *Certains points que je juge important...*
  *Certains points que je juge **importants**...*
- *Des méthodes de travail efficace...*
  *Des méthodes de travail **efficaces**...*

7.4.3 L'accord des déterminants

Cf. Précis, Nᵒˢ 63, 64, 201, 202, 213 à 225 ; *Petit code*, p. 9, 10, 12, 13, 27, 28, 56.

- *Dans presque tout les cas...*
  *Dans presque **tous** les cas...*
- *Des matières, telle la chimie, la physique et les mathé-matiques...*
  *Des matières, **telles** la chimie, la physique et les ma-thématiques...*
- *Il peut avoir quelque difficultés...*
  *Il peut avoir **quelques** difficultés...*
- *... à commencer par nous-même.*
  *... à commencer par nous-**mêmes**.*
- *Sans aucuns doutes...*
  *Sans **aucun doute**...*

A) *Vingt* et *cent* prennent un *s* quand ils sont multipliés et qu'ils terminent le nombre.

 – *Quatre-vingts ans.*
 – *Trois cents dollars.*
 – *J'ai vingt ans.* (Pas multiplié)
 – *Il y a quatre-vingt-cinq personnes.* (Ne termine pas le nombre.)

B) Mille

1- Employé comme nombre, *mille* est toujours invariable.

 – *Trois mille dollars.*
 – *Deux cent mille personnes.*

2- Employé pour désigner une distance parcourue, *mille* est un nom et varie.

 – *Un voyage de cinq cents milles.*
 – *Mon auto a cinquante mille milles.*

7.4.4 L'accord des compléments du nom, de l'adjectif et de l'adverbe

Cf. Précis, Nos 65, 66; *Petit code*, p. 35 à 37.

 – *Le nombre d'étudiant...*
   *Le nombre d'**étudiants**...*
 – *... assoiffés de nouvelle rencontre.*
   *... assoiffés de **nouvelles rencontres**.*
 – *... devant un groupe d'élève.*
   *... devant un groupe d'**élèves**.*
 – *Combien de personne trop distraite...*
   *Combien de **personnes** trop **distraites**...*
 – *Une femme d'affaire.*
   *Une femme d'**affaires**.*

- *Des amis d'enfances...*
  *Des amis d'**enfance**...*

7.4.5 L'accord erroné de l'adverbe

- *Ils sont ensembles.*
  *Ils sont **ensemble**.*
- *Ces jeunes coûtent très chers à la société.*
  *Ces jeunes coûtent très **cher** à la société.*
- *Biens des gens pensent...*
  ***Bien** des gens pensent...*

7.4.6 Les barbarismes de conjugaison dans les formes du verbe (radical et terminaison)

Cf. Précis, Nᵒˢ 304 et suivants; *Petit code, p. 157 à 180.*

- *Ce qui nous permettera...*
  *Ce qui nous **permettra**...*
- *Je n'oublirai jamais...*
  *Je n'**oublierai** jamais...*
- *Ils ne céderont pas.*
  *Ils ne **cèderont** pas.*
- *Le danger croit avec l'usage.*
  *Le danger **croît** avec l'usage.*
- *Il apparait certain que...*
  *Il **apparaît** certain que...*

ATTENTION!

Tous les dictionnaires donnent, au début ou à la fin, les tableaux de conjugaisons des verbes. Ainsi, pour chaque verbe inscrit dans le dictionnaire, on peut lire, à côté du verbe,

---

un chiffre ou un numéro indiquant la conjugaison.

– *Recevoir, v. tr. (verbe transitif) conjug. 28.*

(Le numéro 28 renvoie au tableau correspondant des conjugaisons.)

7.4.7 L'accord du verbe

Cf. Précis, N° 393 ; *Petit code,* p. 185 à 190.

– *On leur demandent...*
On leur demande...

– *Tout le monde veulent...*
Tout le monde veut...

– *C'est nous qui laissent traîner nos déchets.*
C'est nous qui laissons traîner nos déchets.

– *La plupart finisse par s'en lasser.*
La plupart finissent ou finit par s'en lasser.

– *C'est toi qui fait ton passé.*
C'est toi qui fais ton passé.

7.4.8 Le verbe à l'infinitif

Cf. Précis, N°s 294, 365 ; *Petit code,* p. 75-76.

– *Je suis content de les revoirs.*
Je suis content de les revoir.

– *Il faudra les revoirent.*
Il faudra les revoir.

7.4.9 L'accord de l'adjectif verbal et du participe présent

Cf. Précis, Nos 373 à 376; *Petit code*, p. 23.

Le participe présent (invariable) exprime une action.

> – *Deux ou trois chercheurs travaillants sur le même sujet...*
> *Deux ou trois chercheurs **travaillant** sur le même sujet...*

L'adjectif verbal (variable) exprime une qualité, un état.

> – *... qui ont les yeux bien portant.*
> *... qui ont les yeux bien **portants**.*

7.4.10 Règles générales de l'accord du participe passé

Cf. Précis, Nos 377 à 390; *Petit code*, p. 95 à 99.

1- Employé seul, sans auxiliaire, le participe passé s'accorde comme un adjectif.

> – *Les examens terminés, je pars en vacances.*
> – *Transportées par le vent, les feuilles s'envolent.*

2- Employé avec *être, paraître, sembler, rester, devenir*, le participe passé s'accorde avec le sujet du verbe.

> – *Les examens sont terminés. Ces fleurs paraissent fanées. Ces arbres semblent morts. Ces portes restent ouvertes. Ces enfants deviennent indisciplinés.*

3- Employé avec *avoir*, le participe passé s'accorde avec son complément d'objet direct si ce complément est placé avant le verbe. Dans tous les autres cas, il est invariable.

> – *Les examens que j'ai réussis étaient difficiles.* (Le complément d'objet direct, *examens,* est placé avant le verbe, *réussir.*)
> – Les examens que m'a donn**és** *mon professeur étaient faciles.*
> – *Ces examens, je les ai réussis.*

- *J'ai mangé trois pommes.* (Le complément d'objet direct, *pommes*, est placé après le verbe, *mangé*)
- *J'ai gagné la course.*

4- Employé avec *avoir*, le participe passé précédé du pronom *en* est généralement invariable.

   - *Des examens, j'en ai passé durant mon secondaire.*

5- Employé avec *avoir*, le participe passé précédé du pronom *l'* est invariable si ce pronom, équivalent à *cela*, remplace une phrase ou une partie de phrase.

   - *Ces examens sont moins difficiles que je ne l'avais cru.*

6- Employé avec *avoir*, le participe passé qui est suivi d'un infinitif s'accorde avec le complément d'objet direct si celui-ci le précède et fait l'action exprimée par l'infinitif, c'est-à-dire s'il en est le sujet.

   - *Cette fille, je l'ai entendue chanter plusieurs fois. (J'ai entendu qui? Cette fille; c'est la fille qui chante)*
   - *Cette chanson, je l'ai entendu chanter plusieurs fois. (J'ai entendu quoi? Cette chanson; ce n'est pas la chanson qui chante...)*

7- *Fait, laissé, dit, dû, cru, pu, su, voulu* suivis d'un infinitif demeurent invariables.

   - *Les examens qu'ils m'ont **fait** passer étaient difficiles. Les examens que j'ai **cru** réussir... Les leçons que j'ai **pu** apprendre... Les efforts que j'ai **su** faire... J'ai fait les efforts que j'ai **voulu** faire. Ils se sont **laissé** convaincre. Les leçons qu'ils m'ont **dit** d'apprendre... Les devoirs que j'ai **dû** faire...*

8- Les participes passés des verbes *courir, coûter, valoir,* sont invariables quand ils sont utilisés au sens propre, mais variables quand ils sont utilisés au sens figuré.

- *Les mille mètres que nous avons* **couru**.
- *Les millions qu'a* **coûté** *cette transaction.*
- *Les dangers qu'elle a* **courus**.
- *Les efforts que cela a* **coûtés**.

9- *Attendu, vu, excepté, étant donné, ci-joint, ci-inclus,* sont invariables s'ils précèdent un nom ou un pronom; ils varient s'ils suivent le nom ou le pronom. (*Petit code,* p. 21-22)

- **Vu** *les examens, nous ne partirons pas.*
- *Le professeur trouvera ma copie dans l'enveloppe ci-***jointe***.*
- **Ci-joint***, une enveloppe contenant ma copie.*

10- Les verbes pronominaux

Le verbe pronominal est celui qui se conjugue avec deux pronoms:

- *Je me vois dans le miroir.*

Le verbe essentiellement pronominal est un verbe qui se conjugue toujours avec deux pronoms.

- *Je m'évanouis.* (Je ne peux pas dire: *J'évanouis, tu évanouis,* etc.)

Voici quelques verbes essentiellement pronominaux: *s'emparer, s'absenter, s'accroupir, s'écrier, s'élancer, s'évader, s'infiltrer, s'obstiner, se souvenir, s'enfuir, s'abstenir, se dédire, s'écrouler, s'entraider, s'évanouir, se méfier, se rebeller, se réfugier, se recroqueviller, s'accouder, se démener, s'efforcer, s'envoler, s'exclamer, se moquer, se soucier.*

Le verbe accidentellement pronominal se conjugue parfois sans les pronoms.

– Je pose des questions, je me pose des questions.

Le participe passé des verbes pronominaux.

A) Le participe passé des verbes essentiellement pronominaux, c'est-à-dire ceux qui n'existent que sous la forme pronominale, s'accorde avec le sujet du verbe.

   – Les économies se sont envolées.

   – La charpente s'est écroulée.

B) Le participe passé des verbes transitifs (qui peuvent avoir un complément d'objet) employés pronominalement s'accorde comme le participe passé employé avec avoir, avec le pronom (*me, te, se, nous, vous*) si celui-ci est complément d'objet direct.

   – Ils se sont jetés sur l'examen.

   – Nous nous sommes battus pour réussir.

   – Elles se sont donné bien du mal.

C) Le participe passé des verbes intransitifs (qui ne peuvent pas avoir de compléments d'objet) employés pronominalement reste invariable.

   – Les échecs se sont succédé.

Voici quelques verbes intransitifs employés pronominalement : *se complaire, se convenir, se déplaire, se mentir, se nuire, se parler, se plaire, se ressembler, se rire, se sourire, se succéder, se suffire.*

7.5 LES HOMOPHONES GRAMMATICAUX

Terminaisons *er, é, ez*

   – Vous n'aurez pas peur de vous présentez.
   *Vous n'aurez pas peur de vous **présenter**.*

   – Les étudiants auront trouver des solutions.
   *Les étudiants auront **trouvé** des solutions.*

Se, ce

Se est un pronom personnel de la 3e personne, toujours placé devant le verbe.

> – *Les astronautes se sont perdus.*

Ce est un adjectif démonstratif, lorsqu'il précède un nom (peut être remplacé par *ce... - là*) et exprime l'idée de montrer ou de rappeler.

> – *Ce garage.* (Ce garage-là ou le garage dont on vient de parler)

Ce est un pronom démonstratif (peut être remplacé par *cela*).

> – *Ce n'est pas bien.*

Ses, ces, s'est, c'est, sais, sait

Ses est un adjectif possessif de la 3e personne (*son, sa, ses*)

> – *Elle termine ses études.*

Ces est un adjectif démonstratif (le pluriel de *ce*).

> – *Ces fusées.*

S'est est le pronom personnel *s'* (3e personne) accompagné du verbe être ; *s'* représente le sujet.

> – *Elle s'est blessée.*

C'est est le pronom démonstratif *c'* accompagné du verbe être. On peut le remplacer par *cela*.

> – *C'est une fusée.* (Cela est une fusée.)

Sais, sait viennent tous les deux du verbe savoir. On peut toujours les remplacer par *savait*.

> – *Je sais... Elle sait.*

Mais, mes, met(s), mets

Mais est une conjonction de coordination marquant une opposition (remplacer par *et*).

– *J'ai étudié, mais j'ai échoué*

Mes est un adjectif possessif (remplacer par *tes*).

– *Mes devoirs, mes leçons...*

Met ou *mets* viennent du verbe mettre (*Il met, Tu mets*).

Mets désigne chacun des aliments qui entrent dans un repas.

– *Un mets délicieux*

Sa, ça

Sa est un adjectif possessif, féminin singulier (remplacer par *ta*).

– *Sa maison, sa voiture...*

Ça est un pronom démonstratif (forme familière de la langue parlée à remplacer par *cela*).

– *Ça fait mon bonheur.*

Quelque, quelques, quel que, quel, qu'elle

Quelque est un adverbe que l'on peut remplacer par *environ*.

– *Un livre de quelque vingt-cinq dollars.*

Quelque(s) est un adjectif indéfini variable. On peut le remplacer par un autre adjectif.

– *Les quelques experts...* (Les derniers experts)

Quel (quelle, quels, quelles) que suivi du verbe *être* s'écrit en deux mots. *Quel* est alors un adjectif variable.

– *Quel que soit ton nom...*
– *Quelle que soit ta profession...*
– *Quels que soient les pièges...*
– *Quelles que soient tes intentions...*

Quel, quelle, quels, quelles peuvent être adjectifs interrogatifs.

– *Quel nom portes-tu?*
– *Quelle heure est-il?*

Qu'elle est le pronom relatif *que* et le pronom personnel *elle*.

– La peur qu'elle a eue...

La, l'a, là

La est un article devant un nom ou un pronom personnel (3ᵉ pers. du singulier), (*la* remplace un nom féminin).

– La fusée, je la vois

L'a est le pronom personnel *l'* suivi de l'auxiliaire *avoir*. Habituellement, il est suivi d'un participe passé.

– Il l'a vu.

Là est adverbe. Précédé d'un adjectif démonstratif et d'un nom, il se joint au nom avec un trait d'union.

– Ce jour-là.

Est, ait

Est, verbe être à la 3ᵉ personne.

– Il est.

Ait, verbe avoir au subjonctif.

– qu'elle ait, qu'elle ait eu...

Ou, où

Ou est une conjonction de coordination et signifie *ou bien*.

– C'est le français ou l'anglais.

Où est pronom relatif et indique le lieu.

– Je sais où vous allez.

Où est adverbe signifiant *là où, à l'endroit où...*

– J'irai où vous voudrez.

Où est adverbe interrogatif (en quel lieu? en quel endroit?).

– Où est votre frère?

Son, sont

Son est un adjectif possessif et peut être remplacé par *ton*.

– *Son crayon, son stylo...*

Sont est le verbe *être* à la 3ᵉ personne du pluriel. (on peut le remplacer par *étaient*).

– *Ses crayons sont bleus.*

On, ont

On est un pronom personnel indéfini de la 3ᵉ personne.

– *On a eu des problèmes.*

Ont est le verbe *avoir* à la 3ᵉ personne du pluriel.

– *Ils ont des problèmes.*

à, a

à préposition.

– *Fidèle à sa parole...*

a verbe *avoir* (peut être remplacé par *avait*).

– *Il a...*

Peu, peux, peut

Peu est adverbe et signifie *pas beaucoup.*

– *Il me reste peu de temps.*

Peux est le verbe *pouvoir* (1ʳᵉ ou 2ᵉ personne de l'indicatif présent).

– *Je peux, tu peux...*

Peut est le verbe *pouvoir* à la 3ᵉ personne de l'indicatif présent.

– *Il peut...*

Sans, s'en

Sans est une préposition qui indique la privation, le manque, l'absence.

– *Une nuit sans lune...*

S'en est le pronom personnel *s'* (3e personne) et *en* équivaut à *cela, de cela.*

> – *Il faut s'en rendre compte.*

Dès, des

Dès est une préposition.

> – *Dès septembre, je me prépare à étudier.*

Des est un article indéfini, pluriel de *un, une.*

> – *Un livre, des livres...*

7.6 AUTRES RÈGLES GRAMMATICALES

7.6.1 Les majuscules

Cf. Petit code, p. 81-82 et p. 113.

> – *Les familles Québécoises.*
> *Les familles **québécoises**.*
> – *Le ministère de l'éducation.*
> *Le ministère de l'**Éducation**.*

7.6.2 Les apostrophes, élision d'une voyelle

Cf. Précis, Nos 15, 20, 138 ; *Petit code, p. 29-30.*

Erreurs courantes :

> – *Si il le veut.*
> ***S'il** le veut.*
> – *Lorsque on l'utilise...*
> ***Lorsqu'**on l'utilise...*

Parce que s'élide devant *à, il, elle, ils, elles, on, un, une.*

> – *Parce qu'il est studieux...*

Puisque et *lorsque* s'élident devant *il, elle, ils, elles, on, en, un, une*.

— *Puisqu'elle est studieuse... Lorsqu'on étudie...*

Presque ne s'élide que dans le mot *presqu'île*.

Quoique s'élide devant *il, elle, ils, elles, on, un, une*.

— *Quoiqu'il lui manque un livre...*

N.B. Après *quoique* signifiant *bien que, encore que,* le verbe doit se mettre au subjonctif. *Quoiqu'on fasse...*

7.6.3 Le trait d'union relatif à une règle de grammaire

Cf. Précis, Nos 192, 200; *Petit code,* p. 182-183.

A) Entre le verbe et le pronom personnel (ou avec *ce* et *on*) placé après lui.

— *Dois-je?*

— *Voit-on?*

— *Est-ce vrai?*

B) Entre le verbe à l'impératif et les compléments (pronoms personnels) formant avec lui un seul groupe phonique, sans pause.

— *Crois-moi.*

— *Prends-le.*

— *Dites-le-moi.*

— *Faites-en.*

— *Utilisez-les.*

C) Devant *ci* ou *là* joints aux diverses formes du pronom *celui*.

— *Celui-ci, ceux-là, cet être-ci, ces choses-là.*

D) Entre le pronom personnel et l'adjectif *même*.

    – *Moi-même, nous-mêmes, eux-mêmes.*

E) Dans les nombres composés, entre les parties qui sont plus petites que *cent* et non reliées par *et*.

    – *Cent quatre-vingt-dix-neuf.*

    – *Cent soixante et un.*

7.6.4 Les contractions

    – *Le problème à lequel il doit faire face.*
    *Le problème **auquel** il doit faire face.*

    – *L'argent qui provient de le labeur de notre travail.*
    *L'argent qui provient **du** labeur de notre travail.*

7.6.5 La coupure des mots à la fin des lignes

Petit code, p. 156.

Règle générale: la division (ou coupure) à la fin des lignes peut se faire d'après l'épellation ou selon l'étymologie.

A) Diviser les mots simples par syllabes, c'est-à-dire selon l'épellation.

    – *ac-tion, jus-tice.*

B) Ne pas diviser un mot d'une seule syllabe (monosyllabe).

    – *poids, joie, fait.*

C) Éviter de diviser un mot après une syllabe de moins de trois lettres.

    – *idéal* (et non *i-déal*); *état* (et non *é-tat*).

7.6.6 Activité pratique sur l'orthographe grammaticale

A) Identifiez et corrigez les erreurs d'orthographe grammaticale dans le texte ci-dessous.

Pourquoi les gouvernement dépenseraient ils des sommes aussi grande pour octroyé des bourse d'études? S'il n'y-a-pas d'emplois, cet dépense est vain. C'est, disent certain, beaucoup de dépense pour riens. Investissons d'abord dans la création d'emplois et offrons une formation continu.

ATTENTION!

— À l'accord du nom, de l'adjectif et du verbe;

— à l'accord du participe passé;

— aux homophones grammaticaux;

— aux majuscules;

— aux apostrophes.

B) Les fautes d'orthographe grammaticale ont été soulignées ci-dessous. Vérifiez et corrigez.

Pourquoi les <u>gouvernement</u> <u>dépenseraient ils</u> des sommes aussi <u>grande</u> pour <u>octroyé</u> des <u>bourse</u> d'études ? S'il n'<u>y-a-pas</u> d'emplois, <u>cet</u> dépense est <u>vain</u>. C'est, disent <u>certain</u>, beaucoup de <u>dépense</u> pour <u>riens</u>. Investissons d'abord dans la création d'emplois et offrons une formation <u>continu</u>.

C) texte corrigé

*Pourquoi les **gouvernements dépenseraient-ils** des sommes aussi **grandes** pour **octroyer** des **bourses** d'études? S'il n'**y a pas** d'emplois, **cette** dépense est **vaine**. C'est, disent **certains**, beaucoup de **dépenses** pour **rien**. Investissons d'abord dans la création d'emplois et offrons une formation **continue**.*

ANNEXE
Liste des sujets proposés à l'examen de français de fin d'études secondaires (1986 à 1994)

— Croyez-vous que les élèves de cinquième secondaire ont besoin d'une plus grande discipline à l'école?

— Que pensez-vous du problème de l'ivresse au volant et des conséquences fâcheuses qui en découlent?

— Croyez-vous qu'il vaille la peine de prolonger vos études, même si vous n'êtes pas assuré(e) de trouver un emploi immédiatement après avoir fini votre cours?

— Croyez-vous que l'adolescence se traverse avec beaucoup de difficulté ou que c'est la plus belle époque de la vie?

— Que pensez-vous de la loi québécoise qui interdit de fumer dans des lieux publics, notamment dans les écoles et les hôpitaux?

— Que pensez-vous du fait que, en cinquième année du secondaire, les élèves font, en moyenne, une faute de français à tous les dix mots?

— Que pensez-vous de votre expérience du secondaire aux plans scolaire, personnel et social?

— L'utilisation du baladeur est certes agréable, mais ne présente-t-elle pas des inconvénients?

— L'emploi de l'ordinateur aujourd'hui est-il vraiment un moyen priviligié d'apprentissage, de culture et de divertissement?

— Le retour de l'uniforme dans les écoles secondaires serait-il une solution à la bonne tenue vestimentaire?

— Est-il souhaitable pour les adolescents d'avoir un emploi à temps partiel?

— Les élèves perturbateurs devraient-ils être renvoyés définitivement de l'école?

— Est-il normal pour des jeunes de plus de vingt ans d'habiter encore chez leurs parents?

— Les musiques «hard rock» et «heavy metal» ne sont-elles que du bruit?

— Croyez-vous qu'une demi-heure d'éducation physique par jour améliorerait la condition physique des élèves?

— Les femmes peuvent-elles mener une carrière même si elles ont des enfants?

— Êtes-vous en faveur de la libre circulation des drogues?

— Que pensez-vous du fait que beaucoup de jeunes passent plus de trente heures par semaine devant le téléviseur?

— Croyez-vous que les hommes sont capables d'élever seuls leurs enfants?

— Croyez-vous que les graffitis sont un mode d'expression acceptable?

— Croyez-vous qu'il soit raisonnable de dépenser tant d'argent (plus de cinq cents dollars) pour le bal de fin d'études secondaires?

— Croyez-vous que la publicité joue un rôle utile dans notre société?

— Croyez-vous qu'il soit sage d'élever un seul enfant (un enfant unique)?

— Croyez-vous que les jeunes soient prêts à voter?

— Croyez-vous qu'à l'école secondaire, tous devraient pouvoir s'exprimer sans contrainte tant oralement que par écrit?

— Les cyclistes ne devraient-ils circuler que sur des pistes aménagées?

— Les adolescents sont-ils préoccupés par la sauvegarde de l'environnement?

— Les jeunes qui ne lisent pas d'œuvres littéraires (roman, poésie, théâtre, etc.) se privent-ils d'un atout important?

— Les élèves du secondaire devraient-ils avoir le droit de choisir leurs professeurs?

— Les malades incurables qui réclament l'euthanasie devraient-ils y avoir droit?

— Croyez-vous que l'élève se donne une meilleure formation s'il fait des travaux scolaires en équipe?

— Croyez-vous que le pourboire devrait être inclus automatiquement dans la somme réclamée au client?

— Croyez-vous que la famille traditionnelle (père, mère, enfants) soit le seul milieu de vie qui favorise l'épanouissement de l'individu?

— À seize ans, un jeune est-il en mesure de faire un choix de carrière?

— Doit-on interdire à un civil la possession d'une arme à feu?

— Un jeune de dix-sept ans a-t-il encore besoin de ses parents?

— L'école secondaire doit-elle faire l'éducation sexuelle des jeunes?

— L'avenir est-il plein d'espoir pour les jeunes?

— L'application de nouvelles techniques (en industrie, en médecine, en communication, etc.) cause-t-elle plus de mal que de bien?

— Des casinos s'implantent au Québec. Êtes-vous d'accord avec un tel changement?

— Est-il préférable de s'inscrire à des cours de formation professionnelle plutôt que de décrocher?

— Devrait-on obliger les prestataires de l'aide sociale à faire des travaux communautaires?

RÉFÉRENCES BIBLIOGRAPHIQUES

Les guides d'évaluation
Guide d'évaluation d'un texte d'opinion, MEQ, 1993 et 1994.
Guide d'évaluation d'un texte argumentatif, MESS, 1993 et 1994.

Les cahiers d'examen
Examen de fin d'études secondaires, *Cahier de l'élève* et *Cahier de rédaction*, MEQ, Direction générale de l'évaluation et des ressources didactiques, 1993.
Test de français écrit, *Cahier 1 - Instructions*, *Cahier 2 - Rédaction*, MESS, Direction générale de l'enseignement collégial, 1993.

Les grammaires
GREVISSE, Maurice, *Précis de grammaire française*, Duculot, Éditions du Renouveau pédagogique, Montréal,1969.
ISSENHUTH, Jean-Pierre et Suzanne MARTIN, *Le Petit code, code syntaxique et orthographique*, HRW, Montréal, 1986.

Les dictionnaires
Dictionnaire de la langue française, LEXIS, Larousse, Paris, 1989.
Dictionnaire du français plus, Centre Éducatif et Culturel, Montréal, 1988.
Pluri dictionnaire Larousse, Larousse, Paris, 1975.
Petit Larousse illustré, Larousse, Paris, 1987, 1993, 1994.
Petit Robert, Les dictionnaires Robert, S.C.C., Montréal, 1992, 1993.
Dictionnaire québécois d'aujourd'hui, Le Robert, 1992.

Autres
GARNEAU, Jacques, *Pour réussir le test de français écrit des collèges et des universités,* Éditions du Trécarré, Montréal, 1993. Nouvelle édition augmentée, 1994.

INDEX

• Cap-Saint-Ignace
• Sainte-Marie (Beauce)
Québec, Canada
1994